ROGER FACON

FULCANELLI

&

L'OR DES TOMBEAUX

PERDUS

Les Cahiers d'Irem N°12

Le Petit Journal

SUPPLÉMENT ILLUSTRÉ

Le Petit Journal
CHAQUE JOUR 5 CENTIMES
Le Supplément illustré
CHAQUE SEMAINE 5 CENTIMES

Huit pages : CINQ centimes

ABONNEMENTS

	TROIS MOIS	SIX MOIS	UN AN
SEINE ET SEINE-ET-OISE	1 fr.	2 fr.	3 fr. 50
DÉPARTEMENTS	1 fr.	2 fr.	4 fr.
ÉTRANGER	1 50	2 50	5 fr.

Sixième année DIMANCHE 18 AOUT 1895 Numéro 248

SENSATIONNEL : ON AURAIT RETROUVÉ L'OR DU DERNIER DAUPHIN DE FRANCE !

« Je cherche fortune autour du Chat Noir, chante Aristide Bruant... »

© **2024 LES ÉDITIONS DE L'OEIL DU SPHINX**

ISBN : 978-2-38014-094-1
EAN : 9782380140941
Collection Les Cahiers d'Irem (n°12)
ISSN de la collection : 2275-9670
Dépôt Légal : juillet 2024

L'illustration de couverture et l'infographie sont de André Savéant

ROGER FACON

FULCANELLI

&

L'OR DES TOMBEAUX PERDUS

LES ÉDITIONS DE L'ŒIL DU SPHINX
36-42 rue de la Villette
75019 PARIS, France
www.œildusphinx.com
ods@œildusphinx.com

DU MÊME AUTEUR

Aux éditions de l'Œil du Sphinx
FULCANELLI & LES ALCHIMISTES ROUGES
FULCANELLI, COMMANDEUR DU TEMPLE
FULCANELLI ET LA GÉOPOLITIQUE DU DIABLE
FULCANELLI CONFIDENTIEL
NICOLAS FLAMEL EST PARMI NOUS
FULCANELLI & LES 7 LOGES DU MAL
FULCANELLI & LE DERNIER MAGE DU LOUVRE
ILS SONT LA

Aux éditions Energeia
LES TEMPLIERS DU FEU

Aux édition Eurédif
MORT AU GOUROU

Aux éditions de l'Écailler
DERNIER BISTROT AVANT LE CIMETIERE
L'EQUARRISSEUR

Aux éditions Philippe Hugounenc
BRUXELLES & PARIS SERONT DETRUITS
ARSENE LUPIN OU LES ANNEES EXCALIBUR

Aux éditions Gallimard
LA CRYPTE, Série noire

Aux éditions La Branche
POUR VENGER MEMERE, Suite noire

Aux éditions Hyperion Avenue
C'ETAIT AU TEMPS DES SOUCOUPES VOLANTES

Aux éditions de l'Archipel
LE LION DES FLANDRES

Aux éditions Baleine
FLIC SUSPENDU N'EST PAS RIPOU
REQUIEM POUR JOHN EDGAR
SHERLOCK HOLMES SAISI PAR LA DEBAUCHE
A L'OMBRE DES JEUNES FLICS EN PLEURS, Le Poulpe

Aux éditions Black Coat Press, Rivière Blanche
LA TEMPLIERE

Aux éditions SPE
MOI, GILLES DE RAIS
VERITE ET REVELATIONS SUR L'ORDRE DU TEMPLE
SOLAIRE

Aux éditions Abysses
L'HERITAGE DU SPHINX

Aux éditions Robert Laffont
LA FLANDRE INSOLITE
CHATEAUX FORTS MAGIQUES DE FRANCE
VERCINGETORIX ET LES MYSTERES GAULOIS
GILLES DE RAIS ET JACQUES COEUR
en collaboration avec Jean-Marie Parent

PARIS

Mars 1895

ARSENE BRETONIEUX

1.

CHAPITRE PREMIER

Après avoir tâté du journalisme, j'ai fondé une agence de police privée. Mes bureaux sont installés au second étage avec ascenseur d'un bel immeuble du Faubourg Saint-Honoré. Je travaille surtout pour des banquiers, des avocats d'affaires, des industriels. Mais il m'arrive d'œuvrer pour le ministère de la Guerre et le ministère des Affaires étrangères dans le cadre de ce qu'on appelle la raison d'État, laquelle m'a fait prendre goût aux montées d'adrénaline, comme en ce moment à bord du fiacre de Brémont.

– Ça s'est passé au 6 de l'impasse Robiquet, Arsène. Il y avait des traces de sang sur la porte de l'appartement laissée entrouverte, au deuxième étage. Intrigués par ces traces de sang, des voisins ont alerté le concierge. C'est lui qui a découvert le cadavre d'Auguste Chabral au fond du couloir…

Le commandant Brémont continue de mâchonner son cigare.

– … Le sieur Chabral se nommait en réalité Victor Vandermeulen, il appartenait à la Sûreté publique de l'État belge. Comme nous le savons, la Sûreté publique est un service de renseignement censé agir uniquement dans les limites du territoire belge, voilà le hic. Que fichait ce Vandermeulen chez nous sous une fausse identité avant de se prendre une balle en plein cœur et une balle dans la nuque ?… C'est la question que l'on doit se poser en évitant qu'elle ne s'étale à la une des journaux. Aussi suis-je contraint de vous mettre la pression, Arsène, de vous demander de vous mettre en piste et de me ramener tout ce que vous pourrez ramener… Sachant que le temps presse, qu'on s'agite en haut lieu et que ma marge de manœuvre est étroite, très étroite. Nous nous reverrons donc samedi, même heure. Nous ferons le point, adossés au parapet du pont de l'Alma…

Brémont soulève son huit reflets.

– … A samedi, mon vieux…

Il grimace.

– … D'ici là, portez-vous bien.

*

L'impasse Robiquet, située dans le quartier Notre-Dame-des-Champs, est l'ancien cul-de-sac du Montparnasse.

Le quartier est noir de monde quand j'arrive.

J'ai de la chance. C'est le commissaire Jeunet, de la Sûreté générale, qui est chargé de l'enquête. Il nous arrive d'échanger des informations devant une absinthe quand l'occasion se présente.

Jeunet est en grande conversation avec un reporter du *Petit Parisien*. Je joue des coudes pour m'approcher de lui.

– Pas le temps maintenant, Arsène… Ce soir peut-être.

Je n'insiste pas.

On se verra au Chat Noir.

Boulevard de Clichy.

Le cabaret du Chat Noir, sur la Butte-Montmartre, où se côtoient bourgeois et anarchistes, est son point de chute préféré. Jeunet ne raterait pour rien au monde les pièces d'ombres jouées en ses murs. Le chalumeau oxhydrique placé au fond des coulisses pour éclairer l'écran et les silhouettes en zinc projetées au son de l'orgue le détendent presque autant que l'absinthe.

CHAPITRE 2

Pont de l'Alma, samedi 2 mars

– Alors, Arsène ?

Je suis mal à l'aise à cause des confidences que Jeunet m'a faites avant-hier soir au Chat Noir. On le serait à moins. Mais je m'oblige à donner le change, à paraître enjoué en m'adossant au parapet après avoir fait mine de m'absorber dans la contemplation de la Seine.

– Le commissaire Jeunet et ses hommes penchent pour un crime de rôdeur, dis-je.

Le commandant Brémont me croit. Je le vois à sa moue méprisante et sa façon de tapoter son huit reflets.

– Les cons !

Je soupire.

– D'après ce que j'ai pu apprendre, Vandermeulen se prétendait courtier en livres rares. Une maison établie à Narbonne l'aurait chargé d'ouvrir une succursale dans la capitale… Il était souvent absent. Il disparaissait durant des semaines entières.

– Quand s'était-il installé dans l'impasse ?

– L'année dernière. En mai.

– Rien appris d'autre ?

– Son courrier, d'après le concierge, venait de Bruxelles et de Narbonne.

Le commandant Brémont esquisse un sourire.

– Vous recevrez votre commission habituelle sur votre compte habituel, Arsène.

– C'est tout, mon commandant ?

– Affirmatif. Vous pouvez passer à autre chose… Je ne manquerai pas de vous recontacter si cela s'avère nécessaire. Pour l'heure, oubliez la curiosité malsaine que nos voisins belges semblent nourrir à l'endroit de nos petites affaires. Cette curiosité ne leur a pas porté chance.

*

Je regarde l'officier supérieur du Deuxième Bureau, conseiller spécial du ministre de la Guerre, s'éloigner d'un pas tranquille vers le fiacre qui l'attend. Il va me falloir non seulement tenir compte des confidences que m'a faites le commissaire Jeunet mais m'organiser en conséquence.

Le commandant Brémont joue double jeu.

Prenez vos distances, m'a dit Jeunet, il trempe dans un complot royaliste.

Un complot qui remonte à loin.

CHAPITRE 3

Samedi 2 mars 1895, prise de notes au retour du Chat Noir. 2 heures du matin

Sacré Jeunet ! Il m'a fait revisiter l'histoire de France sans lésiner sur la bière et l'absinthe !

Il est persuadé que le Dauphin Louis, duc de Normandie, fils du roi Louis XVI et de la reine Marie-Antoinette, n'est pas mort en janvier 1794 dans son cachot du Temple.

Pour lui, le Duc de Normandie est parvenu à s'évader grâce à la complicité de royalistes parmi lesquels figurait son ancien précepteur, Louis-Claude de Saint-Martin, franc-maçon de rite écossais, à l'origine du martinisme dont se réclament aujourd'hui le mage Papus et le Sâr Péladan.

Un pauvre bougre, orphelin, atteint de débilité, a été acheminé jusqu'au cachot du Temple dans une malle pour être substitué au Dauphin Louis. Mort fort opportunément en juin 1795, inhumé au cimetière Sainte-Marguerite, exhumé et autopsié en 1816, ce pauvre bougre donnera l'occasion au médecin légiste de se pencher sur les restes d'un adolescent de **quinze ans au moins, dix-huit ans au plus**, *doté de dents de sagesse, alors que l'authentique Dauphin est censé être mort à l'âge de* **dix ans**.

*

Vivant et bien vivant, échappé du Temple avec ses dents de lait, le Duc de Normandie, désormais légitime détenteur de la couronne de France en tant que Louis XVII, trouve refuge durant quelques mois rue de Seine, au domicile de la veuve d'un Garde suisse. Avant de rallier la Normandie, puis le territoire helvétique.

Après moult tribulations, Louis XVII, « roi perdu », trouve refuge en Prusse.

Il séjourne un temps à Postdam. Puis à Berlin. A l'hôtel de l'Aigle Noir, il se voit remettre par un mystérieux inconnu (le fameux « supérieur inconnu » chers aux martinistes ?) un passeport au nom de Charles-Guillaume Naundorff, né à Weimar quarante-trois ans plus tôt.

Revenu à Paris, sous Louis-Philippe, il est victime d'une tentative d'assassinat.

Le 28 janvier 1834 — alors qu'il sort d'une maison amie où il vient de dîner —, des hommes armés de poignards et de couteaux se ruent sur lui en pleine place du Carrousel. Ils le frappent, ils le laissent pour mort.

Mais la providence veille.
Louis XVII reste en vie.

*

Une question se pose : pourquoi Louis-Philippe a-t-il cru devoir faire attenter à la vie du soi-disant Naundorff, son neveu ?

Réponse de Jeunet :

1/ pour consolider son trône.

2/ Pour essayer de récupérer une part substantielle du butin d'Alger, dissimulée sur le sol français, répartie dans des caches que d'aucuns, aujourd'hui encore, s'efforcent de localiser afin de financer la cause « Naundorff ».

Quitte à faire couler le sang des gêneurs.

CHAPITRE 4

Deuxième semaine de mars 1895

J'obtiens du ministère des Affaires étrangères, du ministère de la Marine et du ministère du Commerce, de l'Industrie et des Colonies l'autorisation d'aller me plonger dans leurs archives.

Je suis bien décidé à revisiter à ma manière l'histoire de notre pays. Les confidences que m'a faites le commissaire Jeunet m'ont perturbé.

J'ai pris des notes, certes, au retour du Chat Noir, mais j'ai besoin de « munitions » d'un autre calibre pour ne pas me retrouver en porte à faux avec le ministère de la Guerre. Et — le cas échéant — pour me prémunir des dangers que pourrait me faire courir le commandant Brémont en cherchant à m'impliquer dans son complot si la tournure des événements venait à l'y contraindre, allez savoir. Brémont est suffisamment tordu pour utiliser la technique de la terre brûlée ou effectuer les diversions les plus inattendues.

Six décennies après le guet-apens du Carrousel, il me faut recueillir des éléments « objectifs » susceptibles d'étayer la thèse du complot brandie par Jeunet avant de passer, si je ne puis faire autrement, à la contre-offensive.

L'immersion dans des caisses d'archives poussiéreuses me paraît — pour l'heure — un point de passage obligé.

Mais je ne me fais guère d'illusions.

*

J'ai tort.

Toute conspiration peut en cacher une autre.

Voilà ce que je découvre au terme de mon deuxième jour d'immersion dans les archives du ministère des Affaires étrangères.

La conspiration sur laquelle je tombe incidemment démarre fin 1829.

Du coup, je me remets à noircir des pages de carnet.

CHAPITRE 5

Mercredi 13 mars, nouvelle prise de notes. Fin de soirée

Hiver 1829.

Le Roi Charles X, frère du regretté Louis XVI, veut revenir à la monarchie absolue. Il fait effectuer par son ministre de la Guerre, le maréchal de Bourmont, les préparatifs à une expédition armée contre le dey d'Alger. Le Roi de France poursuit un double objectif : impressionner l'Europe en réalisant une action d'éclat contre la « puissance barbaresque » et amasser un trésor de guerre qui lui permettra d'acheter les consciences, de corrompre ses opposants les plus vénaux.

En juillet 1830, c'est chose faite.

Le maréchal de Bourmont fait le siège d'Alger. Il s'empare du trésor de la Régence, placé sous la garde du dey.

Charles X va pouvoir disposer d'une fortune colossale.

Des monceaux d'or et d'argent — échappant aux inventaires officiels — sont placés dans des caisses, des coffres, des tonneaux puis embarqués à bord de navires battant pavillons sardes, génois, maltais. Des bijoux, des rubis, des émeraudes, des diamants à foison dissimulés dans des caisses de vivres sont débarqués à Toulon, à Marseille et transférés à bord de navires appareillant aussitôt pour l'Angleterre.

Des dizaines de tonnes d'or (lingots et piastres) s'évanouissent dans la nature…

Charles X, entretemps, a été chassé du trône. Il a abdiqué en faveur de son petit-fils, Henri d'Artois, duc de Bordeaux. La révolution de Juillet s'est produite. Louis-Philippe 1er, Roi des Français, chef de la Maison d'Orléans, est monté sur le trône de France.

Le maréchal de Bourmont s'apprête à rejoindre Charles X, roi exilé, à Édimbourg, en Écosse.

L'inévitable Talleyrand, ambassadeur de France à Londres, place le roi exilé et son entourage sous surveillance étroite. Il fait savoir à Paris que **Charles X ne paraît pas être dans l'embarras d'argent**.

Le 29 octobre 1830, Talleyrand signale à son ministre de tutelle que « depuis quelques jours l'on rencontre sur les trottoirs de Londres un grand nombre de gens à figures françaises (…) qui, ne se réclamant pas de l'ambassade, doivent supposer à leur séjour ici **quelque motif secret**. *L'argent* **ne paraît pas leur manquer**. *»*

Le 11 décembre 1830, Charles X crée à Londres un conseil chargé d'élaborer le programme de la Restauration et préparer l'insurrection. Le maréchal de Bourmont en fait partie.

L'or d'Alger détourné par Bourmont (qui n'est pas le seul coupable ; d'autres aussi se sont remplis les poches en ces temps de grands bouleversements et de grande incertitude !) va servir à conspirer pour amener le petit-fils de Charles X sur le trône de France.

Une arrivée massive de lingots d'or étant enregistrée sur la place de Paris, Horace Sebastiani, le nouveau ministre des Affaires étrangères, charge

Talleyrand de se renseigner sur les exportations d'or et d'argent susceptibles d'avoir été effectuées par les ports de la Grande-Bretagne en 1830 et au cours du premier trimestre 1831.

Réponse de Talleyrand en date du 14 avril 1831 : « ... l'exportation (d'or) effectuée du 5 janvier 1830 au 5 janvier 1831 s'élève à 169 800 onces (5 tonnes 281 kilos) et (...) pour le seul trimestre écoulé du 5 janvier au 5 avril 1831, elle monte déjà à 133 905 onces (4 tonnes 165 kilos), ce qui prouve que dans le quart de cette année l'exportation a presque atteint l'exportation de l'année précédente. »

Des banquiers de Gênes, Turin, Florence, Marseille, Lyon et Paris — tous liés au banquier anglais James Webb — sont dans le coup. Certains souhaitent sincèrement un changement de régime à Paris. D'autres sont uniquement soucieux de leurs intérêts : les banquiers Laffitte, Delessert, Hagerman, Rothschild frères, Fraissinet...

*

Grâce à l'or d'Alger, la duchesse de Berry se proclame Régente de France et se trouve en mesure de débarquer en Vendée. Mais elle est arrêtée à Nantes le 29 octobre 1832.

Deux petites années plus tard (le 28 janvier 1834), on tente d'assassiner à Paris, à la faveur de la nuit, le soi-disant Naundorff.

*

Aurait-il existé entre l'arrestation de la duchesse de Berry et la tentative d'assassinat du fils de feu Louis XVI un lien de cause à effet ?

Mais — surtout — y aurait-il eu un rapport entre la tentative d'assassinat du fils de feu Louis XVI et la part de butin que convoitait le roi Louis-Philippe ?

Je n'ai pu trouver réponses à ces questions dans les archives du ministère des Affaires étrangères que je viens de consulter.

*Mon petit doigt me dit de continuer de chercher du côté du commandant Brémont et d'avancer, faute de mieux, l'hypothèse suivante : **Brémont — dans le dos de sa hiérarchie — s'emploie à mettre la main sur ce qu'il reste du trésor d'Alger**, lequel, six décennies après sa captation, et sa dispersion, continue de susciter bien des convoitises. Pour parvenir à ses fins, Brémont est prêt à tout, il l'a montré avec la liquidation de Vandermeulen, officier de la Sûreté publique belge, grande consommatrice de fonds secrets.*

Vandermeulen gênait Brémont...
Alors Brémont l'a tué.

Ou fait tuer.

CHAPITRE 6

A l'issue de mon immersion dans les archives, je n'ai d'autre solution que de parer au plus pressé.

J'ai la chance d'avoir des collaborateurs qui ne sont pas des perdreaux de l'année, ils n'ont nul besoin d'être maternés. Ils sauront faire tourner mon agence dans les semaines ou les mois à venir si je dois m'absenter durablement.

*

Dans la nuit du 15 au 16 mars, j'effectue une petite visite de l'appartement de feu Victor Vandermeulen, alias Chabral, au 6 de l'impasse Robiquet, en me jouant des scellés.

Je passe toutes les pièces au peigne fin.

Je ne découvre rien d'intéressant.

*

Le 17, je décide de quitter Paris.

Je prends le train en gare du Nord, lesté d'une malle emplie de linge de rechange.

Je vais peut-être devoir me fixer en Belgique pendant quelque temps.

BRUXELLES

CHAPITRE 7

Je m'installe dans la pension de famille proche de la gare du Midi où j'ai coutume de descendre quand je séjourne dans la capitale belge, la pension Vermersh.

Je n'ai pas d'autre choix que de faire le tour de mes informateurs flamands et wallons. Bruxelles est une ville que je connais bien et où je dispose de solides contacts dans les milieux de la police, de la diplomatie et du journalisme.

Julius Breuchel est l'un d'eux.

C'est même mon meilleur contact.

Et le meilleur, c'est bien connu, on le garde pour la fin.

*

Au bout d'une petite semaine, j'y vois un peu plus clair.

Ma « cible », ne travaillait plus à la Sûreté publique depuis le printemps 1891, elle dépendait du château de Laeken.

Construit à l'initiative des Archiducs autrichiens et Gouverneurs généraux des Pays-Bas, sauvé de la destruction par Napoléon Bonaparte, le château de Laeken est la résidence préférée du roi Léopold II. Surnommé « le roi-bâtisseur », Léopold II est surtout un redoutable homme d'affaires. Il a fait du Congo sa colonie privée, laquelle lui procure des revenus considérables. Ses mines de diamants sont presque aussi célèbres que l'étaient les mines d'or du roi Salomon.

Victor Vandermeulen, à Laeken, œuvrait pour le cabinet noir de Léopold II, plus précisément pour la section française dudit cabinet. Les affaires congolaises ne le concernaient pas. Il était uniquement chargé de « couvrir » les relations Paris-Bruxelles. De ce fait, Vandermeulen disposait de plusieurs couvertures et plusieurs pieds-à-terre en France.

Il ne rendait compte du résultat de ses missions qu'au roi des Belges.

*

Ces éléments en poche, j'estime venu le moment de me tourner vers Julius Breuchel, l'un des meilleurs analystes politiques du royaume et mon meilleur contact, celui qu'on garde pour la fin.

Dandy, coureur de jupons, noceur, Julius a quitté *Le Courrier de Bruxelles* en 1890 pour fonder *L'Arbalète*, hebdomadaire satirique wallon. J'ai fait sa connaissance peu après l'ouverture de mon agence de police privée, dans le cadre d'une affaire délicate dans laquelle était impliqué — à tort — l'un de ses proches. Julius est vite devenu un ami.

Lui rendre visite est tout sauf une sinécure.

CHAPITRE 8

Le lundi 25 mars, en milieu d'après-midi, je pousse la porte de *L'Arbalète*, place de Brouckère.

Ma démarche est logique. Avec l'assassinat de Victor Vandermeulen à Paris, j'ai été manipulé peu ou prou par une faction des services de renseignements de l'armée française et j'aimerais en connaître les raisons. Les éléments d'appréciation dont je dispose, côté français, sont trop parcellaires pour me permettre d'avancer de manière significative.

— Ici aussi, c'est compliqué, grogne Julius après m'avoir écouté. La presse fait le dos rond, elle a choisi de ne pas emmerder Léopold. C'est logique… Les journalistes bien en cour veulent le rester. Et Léopold a les moyens de briser la carrière de quiconque aurait l'outrecuidance de lui déplaire !… Alors pas question de contrarier notre souverain bien-aimé dans les colonnes d'un canard. D'autant que Vandermeulen s'occupait du harem-qui-n'existe pas, tu vois ce que je veux dire ?…

Je me contente de hausser les épaules.

— … Léopold aime les très jeunes filles. Vandermeulen faisait en sorte qu'il n'en manque pas…

Soupir du patron de *L'Arbalète*.

— … Espion et souteneur, tel était l'homme qui s'est fait refroidir à Paris, mon cher Arsène. Ça t'offre des perspectives intéressantes, pas vrai ?

*

Le soir, j'accompagne Julius Breuchel place des Martyrs, non loin de la place de la Monnaie.

Nous partageons la même passion pour l'occulte, le patron de *L'Arbalète* et moi. Le petit monde de l'ésotérisme, des sociétés initiatiques nous fascine. Nous adorons faire tourner les tables et nous faire tirer les cartes.

– Tu vas voir, elle vaut le coup…

Elle, Lady H.

Médium, de mère anglaise et père français, vivant à Paris. Blonde. Trentenaire. Belle à couper le souffle. Elle se produit devant un parterre d'invités au numéro 18 de la place des Martyrs, la maison que loue Georgette Leblanc, une artiste lyrique parisienne. Laquelle partage son temps entre Bruxelles et Paris depuis qu'on l'a engagée pour chanter Carmen au théâtre de la Monnaie.

Georgette Leblanc est loin d'être une inconnue pour moi. Je l'ai croisée, quand elle n'était encore qu'une petite normande rongée de timidité, dans les couloirs du *Gil Blas*. Il m'arrivait d'aller y saluer des amis ou apporter quelque chronique littéraire. Son frère Maurice, un habitué du Chat Noir comptant parmi mes obligés, y travaille.

Je suis allé applaudir Georgette à l'Opéra Comique et la complimenter dans sa loge à ses débuts. Ça l'avait touchée. Elle m'avait invité quelques semaines plus tard au récital qu'elle donnait chez elle.

D'où ma découverte de « la gare », son appartement parisien avec atelier, avenue Victor Hugo, haut lieu du Tout-Paris occultiste.

Et la découverte de sa chambre…

Et le tendre souvenir de ses draps soyeux et de ses formes pleines…

C'est fou comme le monde est petit.

CHAPITRE 9

Je retrouve au 18, place des Martyrs un peu de « la gare ».

Le grand salon drapé de tentures noires galonnées d'argent, éclairé par d'immenses candélabres argentés, dans lequel nous sommes conviés à entrer, est la copie réduite de son modèle parisien.

Lady H. fait son apparition dans ce grand salon sur le coup de 23 heures, au son de l'*Allegro* d'Erik Satie, un Normand lui aussi, proche de Péladan et familier de « la gare » ; elle est superbe dans sa robe médiévale copiée sur celle de l'hôtesse des lieux.

Le silence se fait.

Un silence religieux, oserais-je dire. Épaissi par les fumées d'encens et de benjoin qui montent des cassolettes habilement réparties dans la pièce.

Les traits de Lady H. se transforment peu à peu, faisant disparaître toute trace de féminité.

*

Une brute épaisse semble maintenant s'être emparée du corps de la médium occupée à se tordre sur son siège, narines dilatées, front creusé de rides, bouche tordue.

– Tremblez, vermine !

La voix est masculine. Caverneuse. Lestée d'un lourd accent flamand.

– L'heure du châtiment a sonné… Vous n'allez pas tarder à vous en rendre compte !

L'effroi a gagné les invités, cela se devine aux bouches ouvertes, aux fronts moites, aux mains qui se tordent autour de nous.

– N'en croyez rien !

La voix caverneuse s'est effacée, elle a fait place à une voix fluette d'adolescente, pleine d'empathie. Le corps de Lady H. est redevenu gracieux.

– Tout est encore possible. La terrible bataille engagée contre les Forces noires qui veulent répandre la guerre, le chaos, la confusion partout où elles le pourront est une bataille de chaque instant… Ne baissez pas la garde, restez vigilants. Des entités bienveillantes souhaitent vous accompagner dans cette dure bataille contre les Forces noires… Sachez aller à leur rencontre et accepter leurs conseils. De même, que celles et ceux d'entre vous qui ont vu des « cigares » et des « disques volants » sillonner le ciel, ces derniers temps, n'en nourrissent aucune crainte… Les « Veilleurs » sont partout chez eux dans l'univers et ils disposent de moyens qui dépassent l'entendement… Que celles et ceux qui ont des oreilles pour entendre entendent !…

CHAPITRE 10

Il est trois heures du matin quand je quitte, au terme d'un délicieux corps à corps, le lit de Georgette Leblanc pour rejoindre la pension de famille Vermersh.

La chambre que j'occupe est au deuxième étage. Elle donne sur l'arrière de la gare du Midi.

Un visiteur impromptu m'y attend, encagoulé de noir, sagement assis dans le fauteuil adossé à la fenêtre. Il braque dans ma direction un revolver modèle 1892 8mm, fonctionnant à double et simple action. L'arme de poing réglementaire de l'Armée française.

– Je ne vous veux aucun mal, grogne-t-il.

– Ah oui ?

Sans le quitter des yeux, je referme lentement la porte derrière moi en m'aidant du talon.

– Je veux juste discuter, ajoute-t-il.

– Alors rangez votre arme et présentez-vous !

– Vous n'êtes pas en position d'exiger quoi que ce soit de l'homme qui se tient en face de vous, monsieur Bretonieux, dit-il calmement.

Je grimace un sourire. Il hoche la tête.

– … Néanmoins, je vais poser mon arme.

Il la pose sur le parquet. A portée de main.

– … Satisfait ?…

J'acquiesce d'un hochement de tête.

– … C'est le commandant Brémont qui vous a envoyé à la pêche aux renseignements ?

– Non, dis-je.

– Alors pourquoi êtes-vous venu à Bruxelles ?

– Pourquoi pas ?

Il ricane.

– Brémont joue un jeu dangereux.

– Je sais. Je dirige une agence de police privée. Mon travail consiste à remplir des missions de renseignement pour des clients fortunés mais aussi, de temps à autre, pour certains cabinets ministériels…

Nouveau ricanement.

– Brémont n'appartient plus au cabinet du ministre de la Guerre, mon cher. Il a été viré en janvier… Mis à la retraite d'office.

Je me gratte le front.

– Je l'ignorais.

Le commissaire Jeunet aussi apparemment. À moins que Jeunet ait choisi de ne pas me livrer l'information. Ou l'ait jugée secondaire.

– Brémont a cherché à vous instrumentaliser.

– Mais son plan n'a pas fonctionné, grimacé-je. Je ne lui ai rien appris de déterminant sur l'assassinat de Vandermeulen.

Il soupire.

– Parfait.

– Pour qui travaillez-vous ? dis-je.

– Pour la France.

– Qu'attendez-vous de moi ?

– Que vous ne nuisiez en aucune façon aux intérêts vitaux de notre chère nation, monsieur Bretonieux.

– Dieu m'en garde !

– Alors tout va bien…

Il se lève, récupère son arme.

– … Avant de m'en retourner d'où je viens, j'aimerais savoir ce que vous pensez de « l'affaire de Charleroi » qui intéressait tant Victor Vandermeulen et qui continue de troubler le commandant Brémont.

Je fronce le sourcil.

– Je ne vois pas de quoi vous voulez parler.

Il rit.

– Alors essayez de combler cette lacune…

*

L'homme encagoulé est d'une agilité surprenante, je le regarde filer par les toits, trébucher, glisser, se rétablir comme si de rien n'était et disparaître derrière une haie de cheminées.

Je reste un long moment immobile avant de refermer la fenêtre. Il ne s'est pas montré vraiment menaçant. Comme s'il savait, en s'introduisant dans ma chambre, que je n'ai guère avancé sur l'affaire Vandermeulen.

Qui est-il ?

Pour qui travaille-t-il ?

La logique voudrait qu'il travaille pour une aile des services de renseignements militaires français, peut-être liée à une aile des services belges assurant la surveillance du commandant Brémont et du commissaire Jeunet. Brémont, à cause de son implication dans un complot visant à renverser la IIIe République, Jeunet parce qu'il est au courant des agissements de Brémont. Je vais devoir me débrouiller avec ça.

Quant à « l'affaire de Charleroi » qui serait en lien avec l'affaire m'ayant conduit à Bruxelles, je la range dans un coin de ma tête. Je m'en occuperai plus tard.

Chaque chose en son temps.

PARIS

ENGUERRAND DE MORTAGNE

1.

CHAPITRE 11

J'ai pris la direction du *Clairon de Montmartre* en janvier dernier.

Fondé en 1872 par mon oncle Fustel, *Le Clairon* est le seul journal libertaire que craignent les royalistes et les bourgeois républicains. Moins pour son tirage plafonnant à 70 000 exemplaires que pour sa capacité de nuisance et la redoutable puissance attachée au nom de son fondateur.

Banquier, maître de forges, Fustel de Mortagne, jusqu'à sa mort, en décembre 1892, passait pour être l'un des dix personnages les plus influents de Paris. Son frère cadet, en l'occurrence mon père Thibaud, a pris sa succession et m'a chargé de renforcer la causticité du *Clairon*.

*

Je débarque Aux 400 Coups, rue de Douai, sur le coup de 21 heures.

Joris-Karl Huysmans m'attend à sa table habituelle, au fond du bistrot.

Devant une absinthe.

Sous-chef du bureau politique de la direction de la Sûreté générale, l'auteur de *Là-Bas* est un homme bien informé, d'une grande discrétion. Ma mère compte parmi ses plus fidèles lectrices et il lui fait l'amitié de fréquenter son salon. Il me sait gré d'avoir publié dans mon journal « La Retraite de Monsieur Bougran », sa nouvelle refusée par la *Universal Review* du très british Harry Quitter. D'où les petits services qu'il accepte de me rendre et la solidité des tuyaux qu'il me donne dès qu'il en a l'occasion.

– Alors ? dis-je sans prendre le temps de m'asseoir.

– C'est pour cette nuit, Enguerrand.

– Sûr ?

– Sûr. La malle bourrée d'or et de pierres précieuses que devait réceptionner le policier Vandermeulen, alias Chabral, avant de la convoyer à Narbonne n'a pas bougé de place. Elle est toujours planquée dans les bureaux de l'ancienne savonnerie… Le commandant Brémont le sait. Il a décidé d'envoyer ses hommes la récupérer cette nuit. Le meurtre de l'impasse Robiquet a redistribué les cartes…

Je fais craquer mes phalanges.

– Parfait. Je vais donc rejoindre l'ancienne savonnerie.

– À toi de voir… Mais sois prudent. Tu as affaire à des tueurs…

*

Boulevard de Clichy.

J'escalade les grilles comme lors de mes derniers repérages nocturnes. Je n'ai pas droit à l'erreur. Il me faut traverser la cour pavée sans me faire repérer et aller me cacher dans le grenier à fourrage des anciennes écuries si je veux assister à l'opération de transfert.

Une part importante du butin d'Alger ayant transité par les forêts d'Ardenne, selon la direction de la Sûreté générale française, s'apprête à changer de mains.

CHAPITRE 12

Je me sers d'une vieille échelle glissée derrière des tonneaux festonnés de toiles d'araignée pour grimper dans le grenier à fourrage. Je tire l'échelle derrière moi, j'enjambe une charogne de chat grouillant d'asticots, juste sur ma droite. J'ai beau me coller le nez dans la saignée du bras droit, l'odeur est épouvantable.

*

3 heures et quart du matin. Un fiacre tiré par deux chevaux fait son entrée dans la grande cour pavée plongée dans l'obscurité. De ma cachette, je ne parviens pas à distinguer les traits du cocher. Deux hommes descendent du fiacre et foncent vers la bâtisse abritant les anciens bureaux.

Lorsqu'ils en ressortent, ils portent un grand coffre bardé de fer. Une faible lueur sourd du falot que brandit maintenant un troisième homme. Il a dû sortir derrière eux pendant que je changeais de poste d'observation, il devait être déjà sur place lors de l'arrivée du fiacre. J'ai eu de la chance en franchissant les grilles, j'aurais pu être repéré.

L'homme au falot dépasse les porteurs, il marche à grandes enjambées vers le fiacre toujours à l'arrêt. Je distingue parfaitement ses traits maintenant.

Visage rond flanqué d'épaisses rouflaquettes. Cheveux courts, très clairs. Cou massif. Épaules larges. Un colosse sanglé dans une redingote bien coupée. Démarche souple. Le genre dandy.

Le cocher finit par sauter à terre. Il a le visage à demi dissimulé par une écharpe noire. Il ouvre la portière latérale du fiacre.

Les porteurs tournent le dos au cocher et au dandy qui les éclaire en levant son falot. Ça dure un quart de seconde, je vois briller des lames. Petits cris. Le sang gicle de leur carotide.

Cocher et dandy ont frappé en même temps, sans doute avaient-ils chacun un couteau dissimulé dans la manche de leur redingote. Le dandy a frappé de la main gauche. Il doit être gaucher. Ou habile des deux mains.

Le grand coffre bardé de fer s'ouvre en heurtant les pavés. Je suis tétanisé. J'embrasse la scène au ralenti : les pièces d'or qui se déversent en tintinnabulant, les deux corps agités de soubresauts, le sang qui n'en finit pas de jaillir et de se répandre sur les pavés…

Maintenant le cocher s'agenouille, sans doute pour mieux regarder les porteurs mourir. Puis il se relève et hisse les deux cadavres à l'intérieur du fiacre.

Le dandy aux cheveux clairs ramasse les pièces d'or, il les remet dans le coffre et balance le coffre sur les cadavres.

CHAPITRE 13

Les grilles grincent.

Cheval, fiacre, cocher, coffre, dandy, cadavres quittent la cour pavée. Les bruits d'essieux et de sabots finissent par décroître. Petite toux sèche. Crachats. Nouveaux grincements de grilles suivis d'un fort claquement métallique.

J'attends dix longues minutes avant de sortir des écuries. La bâtisse est silencieuse, plongée dans une obscurité totale. Je ne détecte aucun mouvement aux alentours.

Les grilles ont été refermées et cadenassées.

Je les escalade afin de rejoindre la rue Fromentin où m'attend mon tilbury.

*

Rentré chez moi, je m'accorde trois heures de sommeil (agité) avant de prendre un bain (glacé) et de m'enfermer dans ma salle de musculation.

Ensuite café, œuf à la coque, mouillettes.

J'ai de quoi pondre un article, mais mon petit doigt me conseille d'attendre…

Des gens bien placés, au ministère de l'Intérieur, savent ce qui se trame entre la France et la Belgique. Ils avaient quelqu'un à eux dans la place cette nuit.

Le Dandy…

Non seulement ces gens de l'Intérieur laissent faire les Belges mais ils leur donnent un coup de main…

Pour quelles raisons ?…

Il est encore trop tôt pour que je puisse répondre.

Patience donc, patience.

CHAPITRE 14

Je quitte mon hôtel particulier de la rue de Marignan à 9 heures pétantes pour rejoindre Montmartre et les bureaux du *Clairon*.

J'ouvre la conférence de rédaction à 9 h 30.

La Libre Parole, le brûlot de Drumont, continue de s'acharner sur le capitaine Alfred Dreyfus condamné à perpétuité pour trahison, déporté sur l'île du Diable. Anatole Chopon, notre spécialiste des affaires militaires, ancien pensionnaire du bagne de Biribi, a flairé l'embrouille et s'est lancé à la pêche aux infos.

— Dreyfus n'est pas coupable… D'après le mari d'une informatrice, lieutenant-colonel artilleur de son état, protégé du ministre de la Guerre, c'est un commandant qui se serait rendu coupable de trahison. Un membre de la section de statistique, autrement dit du service de contre-espionnage militaire français.

— Tu as de quoi nous pondre un article ? dis-je.

— Pas encore. Je continue de creuser. D'ici une petite semaine, ça devrait le faire…

Adolphe Le Foll, notre caricaturiste, lève le doigt.

— Moi, par contre, j'ai de quoi amuser tout de suite nos lecteurs avec mon p'tit crayon…

Sourires autour de la table.

    — Pas plus tard qu'avant-hier, un esprit s'est invité à la petite séance de spiritisme organisée par la comtesse de Drahu, boulevard Saint-Germain.

    — Tu y étais ? fais-je mine de le taquiner.

    — Presque…

    Il rallume sa pipe qui vient de s'éteindre.

    — … Une amie de ma vieille mère s'avère être la cartomancienne préférée de la comtesse de Drahu. Après le souper, elle a fait les Tarots à la comtesse et une poignée d'invités, parmi lesquels figuraient le marquis de Morès et son complice Édouard Drumont. Le marquis de Morès a été le premier à prendre congé de l'hôtesse des lieux. L'amie de ma vieille mère est restée jusqu'à la fin. Elle a fait tourner un guéridon pendant que Drumont lui faisait du genou. Un esprit a fini par se manifester. Celui d'un grognard mort lors de la bataille de la Moskova !

    — Et il a dit quoi l'esprit du grognard ?

    — Il a reproché à Drumont d'avoir cautionné la machination ourdie contre le capitaine Dreyfus et il l'a invité à se repentir publiquement dans les trois jours !

    Petits rires autour de la table.

    — Je vois mal Drumont se repentir, dis-je.

    — Mais ce n'est pas tout, se rengorge Adolphe. Un autre esprit s'est « solidifié » au-dessus du guéridon. L'esprit d'un colonel de cavalerie tué à Reichshoffen ! Il a demandé à Drumont de renoncer à entrer en contact avec les entités de Bruges ! « Vous risquez d'être dévasté ! » a conclu l'esprit avant de disparaître. Drumont a accusé le coup. Il s'est mis à suer à grosses gouttes et a pris congé de la comtesse de Drahu dès la fin de la séance.

Je plisse le front.

– Les entités de Bruges ? Qu'entendait-il par là ton colonel de cavalerie tué à Reichshoffen ?…

– Je n'en sais rien, grimace notre caricaturiste. Je ne suis pas spirite.

BRUXELLES

ARSENE BRETONIEUX

2.

CHAPITRE 15

Le mardi 26 mars, j'invite mon ami Julius Breuchel à dîner dans une brasserie proche de la Grand-Place. J'ai besoin de savoir ce qu'il pense de la petite visite à laquelle j'ai eu droit, dans ma chambre de la pension Vermersh, au retour de chez Georgette Leblanc.

Julius m'écoute avec attention tout en sirotant sa bière ambrée. On a commandé deux andouillettes-frites qui tardent à venir. Ça tombe bien, on n'est pas pressés.

– Je pense pouvoir éclairer ta lanterne, sourit Julius.

– Génial.

C'est le moment que choisit le serveur pour nous amener les andouillettes, grillées juste ce qu'il faut. Et les frites, dorées à point.

– Petite parenthèse, ricane Julius. Tu te doutes bien, sans vouloir t'offenser, que je n'ai pas attendu après toi pour m'intéresser à Vandermeulen... Ce salopard, paix à son âme, représentait tout ce que je déteste dans notre adorable petit royaume. L'alliance de la couronne, du vice et du crime ! Notre cher Léopold II ne se contente pas d'exploiter des mines de diamants au Congo, il grappille tout ce qu'il peut grappiller en Europe...

Le serveur s'éloigne en maugréant.

– … Il a des intérêts dans des compagnies minières françaises, allemandes, espagnoles, des compagnies de chemins de fer françaises, italiennes, hongroises, des sociétés immobilières anglaises, irlandaises, autrichiennes… J'en passe et des meilleures qui lui rapportent des millions et des millions par prête-noms interposés. C'est le roi du bonneteau et du montage financier, Léopold II.

On attaque nos andouillettes.

– Pour ce qui est de l'affaire de Charleroi à laquelle s'intéressait Vandermeulen, c'est d'un tout autre niveau, concède Julius la bouche pleine.

Je le laisse mastiquer avant de faire observer :

– Ça n'a rien à voir avec le bonneteau ?

Julius finit son bock, lorgne le mien et fait signe au serveur qui a toujours l'œil aussi noir de renouveler nos consommations.

– Ça a surtout à voir avec l'enfer…

CHAPITRE 16

Le serveur apporte nos nouveaux bocks. Il les pose sur la table en s'arrangeant pour les faire mousser.

– Merci, dit Julius. Ne changez surtout rien au service, il est parfait. On sent que vous êtes fait pour exercer ce métier…

J'achève mon andouillette, je repousse doucement mon assiette.

Julius entre dans le vif du sujet.

Charleroi, mercredi 9 mai 1894

Des policiers pénètrent de grand matin dans une maison bourgeoise de la rue Turenne dont la porte d'entrée a été fracturée. Il y a des traces de sang dans le hall et sur les premières marches de l'escalier qui mène à l'étage.

Un premier corps est découvert dans le couloir ouvrant sur quatre chambres. Il s'agit du corps ensanglanté de la bonne, affaissée contre un placard mural, carotide sectionnée.

Des traces de sang sont relevées dans le couloir desservant les chambres du deuxième étage. La maîtresse des lieux, madame Depoorter, couchée en travers d'un lit à baldaquin, a eu la carotide sectionnée elle aussi. Son mari gît dans la salle de bains attenante, au pied de la baignoire, décapité. Tête posée sur ses genoux. Tandis que la fille du couple a disparu… Élise Depoorter, âgée de seize ans.

La famille Depoorter est honorablement connue dans la Région wallonne. Profondément croyante, elle ne manquait aucune des messes célébrées en l'église Saint-Christophe. Monsieur Georges Depoorter, le chef de famille, important brasseur, jouissait de l'estime de ses clients, de ses confrères et de l'ensemble des paroissiens.

Chargé de l'enquête, proche de la retraite, le commissaire Dejonk, de la Sûreté de Charleroi, va subir pas mal de pressions durant ses investigations. Franc-maçon, ancien Premier Surveillant de la Loge L'Équité à l'Orient de Namur, Dejonk n'est pas du genre à s'en laisser conter.

Aujourd'hui

– Le commissaire Dejonk, grimace Julius, est resté sourd aux mises en garde de sa hiérarchie. Il a battu le rappel de ses informateurs, gratté, creusé, fouiné… Il a lancé une série de perquisitions et découvert que le sieur Depoorter, chevalier pontifical de son état, galopait sur des champs de courses désertés par la morale catholique et apostolique. Avec des montures très, très jeunes…

Le sieur Depoorter possédait en sous-main deux restaurants. L'un à Namur, l'autre à Bruges. Deux restaurants fréquentés par des notables qui s'y rendaient accompagnés de très jeunes filles et, au sortir de table, s'égaraient avec elles dans les chambres du deuxième étage. Mais Dejonk n'eut pas l'opportunité de poursuivre ses investigations. Le procureur du Roi ressortit une vieille affaire de carambouille de viande.

Il évoqua un fait nouveau, à savoir une dénonciation anonyme impliquant le frère cadet du commissaire, directeur d'un abattoir. Et Dejonk se vit contraint d'accepter un départ en retraite anticipée en échange de l'absence de poursuites contre son frère.

— Dès que j'ai eu connaissance de l'embrouille, sourit Julius, je me suis pointé chez Dejonk. Il est resté très évasif… Mais il m'a contacté quelques jours plus tard. Il m'a fait parvenir un mot pour me fixer rendez-vous dans un bistrot de Liège. J'y suis allé, bien sûr. Et je ne l'ai pas regretté. Dejonk m'a filé deux noms. Deux noms de jeunes filles du village de Mesvin qui ont disparu et dont on est toujours sans nouvelles au moment où je te parle…

Il fait tourner ce qu'il lui reste de bière au fond du bock.

— … La disparition des deux jeunes filles de Mesvin est peut-être l'une des clés du massacre perpétré au domicile de la famille Depoorter et de la disparition de la jeune Élise.

PARIS

ENGUERRAND DE MORTAGNE
2.
CHAPITRE 17

La vie mondaine a ses impératifs, lesquels ne sont pas toujours sans conséquences.

Je dîne chez la duchesse du Veudrille de Sarmante. Le hasard du plan de table m'a placé entre la comtesse de Volange — qui n'en demandait pas tant et continue de me le faire savoir par de discrets frôlements du coude — et Lord Bronwater.

Gentleman affable, aux pommettes saillantes, à l'épaisse chevelure rousse, Lord Bronwater a fait fortune à Bombay, selon les uns, à New-York, selon les autres. Mais depuis une dizaine d'années, il fait la pluie et le beau temps à Paris.

On le dit socialiste. Banquier des anarchistes.

— Laissez-moi vous faire une confidence, me glisse-t-il dans le creux de l'oreille au moment de sortir de table. Je dois l'essentiel de ma fortune à une rencontre… Celle de votre oncle Fustel.

*

— Que savez-vous des Rose-Croix ?

Question pas si surprenante que cela, formulée dans le fiacre qui nous conduit, en pleine nuit, à

Saint-Cloud où Lord Bronwater s'est fait construire une Folie et où m'attend, d'après lui, une surprise de nature à changer le cours de mon existence (rien de moins !).

Je me contente de sourire.

– Que savez-vous des Rose-Croix ? insiste-t-il.

– Ce que j'en ai lu ici et là, dis-je.

– Mais encore…

– Ils se sont constitués en fraternité, au XVe siècle, en Allemagne, d'où était originaire leur fondateur éponyme, Christian Rosencreutz, personnage mythique pour les uns, de chair et d'os pour les autres. Mais il n'est pas interdit de penser qu'avec Rosencreutz on a affaire à une entité collective, une direction bicéphale, voire tricéphale…

J'ajoute que mon oncle Fustel me parlait souvent de Rosencreutz en qui il voyait un être de chair et d'os, à l'imitation de Notre-Seigneur Jésus-Christ. Mon oncle était fasciné par ce personnage. Voyageur infatigable, ayant étudié la magie et l'alchimie en Orient, Christian Rosencreutz avait formé plusieurs disciples avant de mourir à l'âge de cent six ans et d'être placé dans un tombeau contenant de nombreux trésors, dont un certain « Livre M ». Lequel tombeau devait être découvert en l'an de grâce 1604.

– Ces indications biographiques, me fait observer Lord Bronwater en m'offrant un cigare, vous les avez puisées, comme moi, comme votre oncle, comme d'autres avant nous, dans la *Fama Fraternitatis*, publiée à Cassel en 1614, suivie de la *Confessio* et des *Noces Chymiques* de Christian Rosencreutz, textes ô combien importants. Vous n'avez pas été sans remarquer que ces textes stipulent que le premier des disciples, formés par

C.R.C., à quitter le pays le fit pour se rendre en Angleterre. Quant à la découverte du tombeau du fondateur, elle put s'opérer par la grâce du frère N.N., successeur du frère A., décédé en Gaule narbonnaise. Quelles réflexions ces petits rappels vous inspirent-ils ?

Je me penche sur l'allumette qu'il vient de craquer.

– Après l'Allemagne et l'Angleterre, dis-je, la France de langue d'oc semble appelée à jouer un rôle important dans l'histoire de la Fameuse Fraternité… Et être concernée par une « résurgence » puisqu'elle donne le signal de la découverte du tombeau de C.R.C.

– Oui… A une petite nuance près. La *Fama*, la *Confessio*, les *Noces Chymiques* sont l'emballage d'un joli présent fait aux hommes de bonne volonté… Un présent qui a fasciné des gens aussi différents que Descartes, Louis XV ou Napoléon III. Mais si on ôte les ficelles dorées de l'emballage, on découvre la réalité… Un Cercle initiatique, non dénué d'intentions politiques, placé sous la protection symbolique de la Rose et de la Croix. Une organisation se réclamant de la tradition alchimique qui entend peser sur le destin de l'Europe sans pour autant s'affranchir de la loi du Karma et de la loi des cycles…

Me revient en mémoire, tandis que je libère un rond de fumée, ma rencontre avec le Sâr Péladan, à l'automne 1890. Le Sâr voulait m'associer à une résurgence R+C en préparation… La boucle serait-elle en passe de se boucler ? Je choisis de garder le silence.

– Les exégètes se sont insuffisamment attardés sur cette évidence : l'Angleterre clôt un cycle fondamental de l'histoire du cercle placé sous la tutelle de la Rose et de la Croix avec la mort du frère I.O., reprend Lord Bronwater en tirant sur son cigare et en faisant une citation de mémoire : « Le premier membre de la fraternité qui mourut fut I.O., en Angleterre… »

– Et il n'y a pas loin de l'Angleterre à la France, dis-je. Les mânes des ducs de Normandie ne nous contrediront pas…

Lord Bronwater réussit un superbe rond de fumée qu'il détruit aussitôt de sa main gauche.

– Je sens que nous allons nous entendre, monsieur de Mortagne.

CHAPITRE 18

La folie gothique que Lord Bronwater a fait ériger à Saint-Cloud, au centre d'un parc que ceinturent sept petits lacs artificiels, est une tour massive prolongée par des ruines de pavillons d'amour et de temples de la philosophie.

– Qu'en dites-vous ?

– Fascinant.

Mais le plus fascinant reste à venir.

L'un des temples de la philosophie comporte, sous le lierre rampant qui masque son pavement, une lourde dalle de marbre dissimulant un escalier à vis.

*

J'emprunte cet escalier à la suite de Lord Bronwater.

Je m'enfonce avec mon hôte dans une galerie voûtée en plein cintre éclairée par des torches glissées dans des anneaux d'acier.

Au bout de la galerie une porte ferrée est entrouverte, laissant filtrer un rai de lumière.

– A vous l'honneur…

Lord Bronwater s'efface pour me laisser pénétrer dans une pièce hexagonale à voûte romane, éclairée par une forêt de cierges, comportant un autel de pierre sculpté et six colonnes de bronze ornées de griffons et de salamandres.

Un vieil homme nous y attend, debout devant une rangée de stalles inoccupées. Tout de blanc vêtu. Visage osseux, creusé de rides profondes. Longs cheveux blancs.

– Soyez le bienvenu, monsieur de Mortagne…

L'émotion m'étreint.

Je suis dans l'incapacité de prononcer le moindre mot. Je me contente d'incliner le buste, mains sur le cœur.

– Vous êtes ici dans l'un des lieux qu'il nous arrive d'utiliser pour freiner, par l'action théurgique, le glissement de l'humanité vers l'abîme… Notre mission première est de faire en sorte que jamais ne s'éteigne la flamme de la Tradition parmi les hommes. Nous sommes des guides, des inspirateurs, des frères aînés… Nous entrons en contact avec ceux que nous considérons comme nos frères cadets lorsque nous estimons qu'ils sont en capacité de nous aider et que nos conseils sont de nature à favoriser leur progression sur le chantier de la réalisation intérieure sans que nous pesions pour autant sur leur libre arbitre. Ce qui sous-entend de notre part la prise en compte des dettes karmiques des individus comme de celles des nations…

J'ai la sensation d'entrer dans une autre dimension.

Je ferme les yeux.

*

– Mon frère, acceptes-tu de nous aider à veiller sur le devenir de l'humanité ?

– Oui.

– Mon frère, promets-tu de le faire en toute loyauté ?

– Oui.

– Alors mon frère, que mon souffle t'accompagne.

Je garde les yeux clos tandis qu'il me souffle sur le front, sur chacune des tempes et sur la nuque.

– Ainsi l'a voulu le Roi des Quatre Âges.

Puis :

– Va en paix, mon frère… Jusqu'à notre prochaine rencontre.

CHAPITRE 19

De retour chez moi, je prends un bain chaud avant de rejoindre mon *sanctum*.

J'ai aménagé cette pièce il y a trois ans, alors que je rentrais d'Égypte où j'avais effectué un reportage, se voulant très littéraire, en hommage à Gustave Flaubert, Maxime Du Camp mais aussi Ahmed Chawqi, l'auteur du sublime *Fou de Leyla*.

La veille d'embarquer sur le navire qui devait me ramener en France, j'avais fait un curieux rêve. Une momie s'était libérée de son sarcophage pour me rendre visite dans ma chambre d'hôtel. Ancienne prêtresse d'Isis, elle avait une mission à me confier... Elle me l'avait chuchoté à l'oreille.

Hélas, impossible de me souvenir de la teneur de cette mission au réveil.

La momie m'avait rendu une seconde visite un mois après mon retour à Paris, vieille cité ayant abrité, sur son île enserrée par la Seine, trois siècles avant Jésus-Christ, un temple dédié à Isis, déesse de la magie, première protectrice des Parisiens si l'on en croit le moine Abbon de l'abbaye de Saint-Germain-des-Prés.

Elle m'avait dicté des instructions dont je m'étais souvenu en quittant ma couche et que je m'étais empressé de suivre.

Le plan de mon *sanctum*.

Sa décoration.

*

La momie m'avait rendu d'autres visites oniriques cette année-là.

Elle m'avait permis de découvrir certaines de mes incarnations.

En Atlantide notamment. J'étais dans l'entourage d'un des dix rois qui présidaient à la destinée de cet archipel légendaire avant qu'il ne disparût brutalement. Je n'avais rien pu faire pour empêcher cette disparition. Ce n'était pourtant pas faute d'avoir essayé.

L'un de mes oncles était le Grand-Maître de l'Ordre du Soleil d'Or, l'organisation initiatique majeure de l'archipel. Il était en contact avec *Ceux venus d'Ailleurs*, les Grands Sages qui président à l'harmonie du cosmos et possèdent les clés des Portes des Étoiles.

*

Je sais que *Ceux venus d'Ailleurs* ne nous ont pas abandonnés.

Ils continuent aujourd'hui encore de veiller sur nous.

Le « Veilleur » m'a transmis cette « clef » tout à l'heure avec son souffle.

BELGIQUE

ARSENE BRETONIEUX
3.
CHAPITRE 20

Mercredi 27 mars

J'accompagne Julius Breuchel à Mesvin, à deux kilomètres au sud de Mons, un village qui était sans histoire jusqu'à la disparition de Julie Capelle, fille de la tenancière de l'estaminet Au Ratintou, rue Brunehaut, une dame blonde bien en chair, aux lourds pendentifs dorés.

– Je lui avais dit mille fois de cesser de traîner avec cette idiote de Camille Vanloo, nous confie madame Capelle, veuve d'un géomètre de Marcasse. Mais autant péter dans le confessionnal de Notre-Dame de Belle Dilection en mettant ça sur le dos du curé. Ma fille Julie est une tête de mule, elle tient ça de son père. Et la Vanloo, elle a pas inventé l'eau chaude, même si ses parents laissent entendre qu'un docteur de Mons souhaiterait la marier !

Julius a aligné deux Souverains en or Victoria sur le comptoir pour que la tenancière du Ratintou ferme son établissement le temps de notre conversation. Tout en parlant, la tenancière me regarde prendre des notes sur mon carnet. Elle sourit quand elle me voit souligner son propos, fronce le sourcil quand je rature. La conversation part dans tous les sens. Mais je ne veux omettre aucun détail. Le sujet est d'importance. Je laisse courir mon crayon jusqu'à ce que Julius revienne à la charge.

– C'est l'année dernière que… heu… l'événement s'est produit ?

– Oui. En avril.

– C'était vraiment la première fois qu'elles voyaient ça ?

– Oui, sinon vous pensez bien que ma fille me l'aurait dit !

Julius opine du chef tout en vrillant son regard dans le mien.

– Elles ont vu une sorte de cigare rougeoyant ?

– Oui.

– Dix fois plus long qu'une péniche comme celles que l'on peut voir sur l'Escaut ?

– C'est ça.

– Et des disques lumineux ont jailli du cigare ?

– Oui. Quatre, cinq, peut-être même six disques lumineux. Très lumineux. De couleur rouge, quasi incandescente. Leurs faisceaux paraissaient s'enfoncer dans la terre.

– À un moment, votre fille Julie s'est sentie aspirée par l'un des faisceaux ?

– Oui.

– Et elle a très vite perdu connaissance ?

– Très vite, oui.

CHAPITRE 21

Les Vanloo tiennent une ferme à la sortie de Mesvin, coincée entre deux mares boueuses, en pleins champs, dans la direction de Ciply.

Ça sent le fourrage, le fumier, le lait caillé, le miel, la lampe à pétrole et le somnambulisme magnétique chez eux. Tout le monde est spirite dans la famille Vanloo. Parents, grand-parents… Les grands-parents sont aussi guérisseurs, magnétiseurs.

Madame Vanloo, née Germaine Ducatillon, de nationalité française, est médium. Elle se livre régulièrement au somnambulisme magnétique et à la divination par les Tarots. On vient de Gand, d'Ostende, de Paris la consulter. Elle n'en est pas peu fière. Surtout qu'elle fait ça gratuitement. Car on ne peut pas tout mélanger, n'est-ce pas ? La terre, elle se laboure, elle ne se laisse pas travailler facilement. Le blé, l'avoine, le seigle qu'on récolte, il faut les vendre pour que la ferme puisse rester dans la famille et nourrir ceux qui y vivent. Mais le « don » de lire l'avenir, d'interpréter les signes, de converser avec les entités qui peuplent l'astral, il ne se monnaie pas. Il s'exerce pour le bien commun.

– Lady H, finit par demander Julius Breuchel, ça vous dit quelque chose ?

Sourire de madame Germaine Vanloo.

– Bien sûr. C'est ma nièce… Hortense.

*

En quittant la ferme, on se dit qu'à défaut d'être un lieu où souffle l'esprit Mesvin est une « terre à rencontre ».

Une terre qui favorise le contact avec l'au-delà, mais pas seulement… « Ceux qui nous observent » s'en servent pour révéler leur existence, ce qui est plutôt gentil.

Et enlever parfois des humains, ce qui est moins bien.

CHAPITRE 22

Retour au siège de *L'Arbalète*.

Pendant qu'on sirote le café que nous a servi sa secrétaire, Julius s'absente pour passer un coup de fil.

Il revient en se frottant les mains.

– Tu as le droit d'en savoir plus, Arsène, me dit-il en s'emparant de la tasse posée près de son pot à crayons. En mai 1888, du temps où je bossais au *Courrier de Bruxelles*, j'ai été amené à faire un papier sur un événement curieux s'étant produit dans les Ardennes…

Un mardi midi. Un gamin de Habay-la-Neuve, près d'Arlon, qui rentrait de l'école, avait brusquement disparu. Ses petits copains disaient avoir vu une grande lueur verte au-dessus de leur tête. La lueur s'était fragmentée. L'un des fragments avait aspiré et dissous leur camarade.

Les gendarmes n'avaient pas cru les gamins, les gendarmes avaient même cherché des noises aux parents du disparu. Et puis le gamin était réapparu. Deux jours plus tard. Au même endroit. Les gendarmes n'avaient pas apprécié. Canular, disaient-ils. Ils avaient même failli coller une amende aux parents.

– Je n'ai pas été le seul journaliste à m'intéresser à l'affaire. Mais j'ai été le seul à ne pas adhérer à la thèse des gendarmes. J'ai commis un papier en faveur de l'enlèvement inexpliqué… Seulement, mon papier n'est jamais passé, veto du réacteur en chef du *Courrier*. Sur ordre d'en haut, m'a avoué l'intéressé. Ce qui a précipité mon départ du journal… Et la fondation de *L'Arbalète*. Mais ce n'est pas tout…

Des gens s'intéressaient à l'affaire. Des Bruxellois. Croyant en l'existence d'autres civilisations dans l'univers. Des civilisations qui nous observent et enlèvent même des humains…

– L'utilité de tels enlèvements ? fais-je observer sans chercher à masquer mon scepticisme.

– Mystère.

– En savoir plus sur nous ?

– C'est ce qui paraît le plus vraisemblable. Mais ce n'est pas l'unique raison. Il arrive que les prisonniers relâchés ne soient plus tout à fait les mêmes aux yeux de leurs proches… Ils semblent avoir acquis certains « pouvoirs » durant leur enlèvement ! Comme le pouvoir de magnétiser, de lire l'avenir ou celui de se projeter, en transe, dans d'autres dimensions…

*

Petit retour en arrière.

Dans les semaines qui suivent le refus du rédacteur en chef du *Courrier de Belgique* de publier l'article de Julius, ce dernier fait une rencontre singulière. Dans le tramway. Sur la ligne reliant la Porte de Namur au Bois de la Cambre. Un vieux monsieur aux longs cheveux blancs, élégamment vêtu, vient s'asseoir en face du futur fondateur de *L'Arbalète* et lui fait la conversation.

Avant de descendre au Bois de la Cambre, le vieux monsieur aux longs cheveux blancs a le temps de révéler à Julius l'existence du Cercle.

CHAPITRE 23

Le Cercle aurait plusieurs siècles d'existence.

Il aurait été fondé en Gaule narbonnaise par un Rose-Croix, le Frère A., sorte de conseiller politique des disciples français de Christian Rosencreutz, le fondateur de la Confrérie R+C.

Sous l'impulsion de A., le Cercle, au départ très embryonnaire, se serait étoffé, structuré, avant d'essaimer en Angleterre, en Italie, en Espagne, aux Pays-Bas, puis en Belgique.

Clin d'œil de Julius.

– Le conditionnel est de rigueur, mon ami, étant donné qu'on ne peut rien vérifier.

Je laisse l'ancien rédacteur du *Courrier de Bruxelles* ajouter tranquillement que qui dit Cercle dit circonférence et centre. La circonférence est constituée de points reliés les uns aux autres par la même « ligne » (les partis et les syndicats, aussi, sont dotés d'une ligne), fût-elle courbe. Quant au **centre** du Cercle, il serait à Paris, sur la **Butte-Montmartre**, représentation de la montagne sacrée au sein de l'antique cité d'Isis, d'après le vieux monsieur aux longs cheveux blancs rencontré dans le tramway.

La branche belge du Cercle disposerait d'informateurs au sein de l'Église, l'Armée, l'entourage du Roi, les conseils d'administration des plus importantes entreprises du royaume, les partis politiques, les syndicats, les services de police et de renseignement. Le Cercle, pour résumer, jouerait un rôle d'observation et d'action au service de mystérieux « Veilleurs ».

– Le Cercle a su ce qui s'était passé à Habay-la-Neuve en mai 1888… Il a considéré que mes démêlés avec la direction de mon journal faisaient de moi un « candidat » intéressant. Il m'a donc approché et livré quelques arguments que je vais te livrer à mon tour…

Notre planète est sous contrôle depuis belle lurette. Des civilisations nous observent. D'autres nous « occupent », disposant de bases dans les entrailles de la Terre. Dans les abysses de nos océans. Ainsi que sous la banquise.

Celles qui nous occupent ont creusé des « stations » à des profondeurs hallucinantes.

D'après le Cercle, il existe deux types d'« occupants ». Les plus dangereux sont les survivants d'une planète disparue lors d'une Guerre des Mondes. Ils ont fait souche dans des « stations » creusées, à 5000 mères de profondeur, en Belgique et en France.

Il existe deux sortes de « stations ».

Blanches, Noires.

Les Blanches abritent des collèges de mages qui poussent les Terriens à s'émanciper par la spiritualité, l'ésotérisme, l'alchimie, la recherche de la paix entre les peuples.

Les Noires abritent des collèges de mages qui poussent les Terriens à s'entredéchirer et s'entretuer.

*

J'écoute Julius poursuivre son laïus.

– Pendant que les gendarmes des Ardennes continuaient de flairer le canular, les gens du Cercle ne sont pas restés inactifs. Ils ont amadoué les parents du gamin en leur versant une somme plutôt rondelette, le temps que l'affaire se tasse. Puis ils leur ont trouvé une petite épicerie à tenir à Charleroi. Le gamin a grandi, il a aujourd'hui dix-sept ans. Il est garçon de courses au *Clairon de Charleroi* et rêve de devenir journaliste…

Clin d'œil de Julius.

– … Le rédacteur en chef du *Clairon* est un ami. C'est à lui que j'ai passé un coup de fil en rentrant. Il a accepté ma proposition… Le gamin arrive demain à Bruxelles. Il se nomme Florimond Caspel, il est ravi d'entamer un stage à *L'Arbalète*. On peut aller l'accueillir ensemble à la gare, si ça te dit.

PARIS

ENGUERRAND DE MORTAGNE
4.
CHAPITRE 23

Je reprends la piste de l'or d'Alger, très à la mode dans les milieux royalistes ces temps-ci, en vue d'un reportage pour *Le Magazine de l'inconvenant* que dirige Eustache, mon frère cadet. Ce mensuel a besoin d'être relancé, il ne n'est pas encore remis du départ fracassant des « deux Maurice », Barrès et Leblanc, et du coup de gueule que ces derniers ont poussé contre mon frère dans les colonnes du *Petit Parisien*.

Je retourne voir celui qui m'a mis sur le coup. L'abbé de Boumol, vieil ami de feu mon oncle Fustel.

Cet ecclésiastique attachant a fait l'essentiel de sa carrière à Rome, à la secrétairerie d'État. Disposant d'une fortune personnelle conséquente, d'un bel appartement place des Vosges, l'abbé de Boumol a une vie mondaine plutôt bien remplie qu'il n'hésite pas à interrompre, de temps à autre, pour aller se ressourcer à la Trappe.

L'abbé est au lit quand j'arrive. Migraine. C'est sœur Rachel, sa secrétaire-gouvernante, qui m'accueille et me conduit jusqu'à lui.

– Je me fais de plus en plus vieux, Enguerrand. Chaque jour qui passe me rapproche du grand mystère… Mais je suis prêt. Il me tarde même que Dieu me rappelle à Lui.

– Allons, l'abbé !

– Chut. Posez une fesse en bout de lit et dites-moi ce qui vous amène, mon garçon…

J'essaye de résumer au mieux l'épisode nocturne de l'ancienne savonnerie, boulevard de Clichy.

L'abbé ferme les yeux dès que j'évoque l'arrivée du fiacre, vers trois heures du matin, avec le cocher et deux hommes. Il ne les rouvre qu'avec la description du transfert du coffre.

– Ces deux hommes, depuis votre cachette, vous les voyez descendre du fiacre, si je vous ai bien écouté, Enguerrand. Vous les voyez de dos. L'un d'eux a dû descendre pour ouvrir la grille… À moins que ce soit le cocher. Il fait nuit, les deux hommes traversent en courant la cour pavée, les bras ballants. Ils entrent dans les anciens bureaux. Puis ils ressortent en portant le coffre empli d'or et de pierreries en provenance de Belgique, selon votre informateur. La première phase vient de se dérouler sans encombre.

– Oui.

– Ces deux hommes sont des Français travaillant pour le compte du commandant Brémont, conseiller spécial du ministre de la Guerre. Ils ont fait ce que Brémont attendait d'eux… Ils sont allés rejoindre, dans les bureaux laissés à l'abandon de l'ancienne savonnerie, le dandy à la redingote qui les attendait et veillait sur le coffre. C'est-à-dire l'homme qui était en cheville avec le cocher et qui aurait pu vous surprendre quand vous avez escaladé les grilles…

– En effet.

Il sourit.

– Sauf qu'il ne l'a pas fait.

Je garde le silence.

– S'il ne l'a pas fait, poursuit l'abbé, c'est parce que la Providence veillait sur vous. Ou que le simple hasard s'en est mêlé. Ou que le dandy à la redingote a choisi de vous épargner tout en sachant que vous aviez l'intention de vous cacher dans les anciennes écuries… Ce qui voudrait dire que votre « informateur » avait pris soin de l'informer de votre venue.

Le visage de Joris-Karl Hysmans danse devant mes yeux.

– Je range l'hypothèse dans un coin de ma tête, dis-je.

L'abbé de Boumol tapote sa courte-pointe.

– Brémont s'est fait doubler par le dandy à la redingote et le cocher. Il ne va pas rester sans réagir… D'autres assassinats sont à craindre, hélas…

Il fait le signe de croix.

– … Fort heureusement pour les gens de bonne volonté, je me suis laissé dire que l'or d'Alger masquait l'existence d'un trésor ô combien plus fascinant.

CHAPITRE 24

Le soir même, je m'invite à la table de Joris-Karl Huysmans, Aux 400 Coups, à Montmartre.

Le bistrot est bondé. Tant mieux. Je vais pouvoir élever la voix si nécessaire. Des carabins font la fête aux tables voisines. Seuls les joueurs de billards, derrière nous, restent silencieux et concentrés.

Je vais droit au but.

– Tu m'as balancé, Joris… Ce n'est pas bien.

Son visage s'empourpre.

– Ce n'est pas ce que tu crois.

– Ah oui ?

Il s'oblige à soutenir mon regard.

– Je n'ai pas pu faire autrement. Ils savaient…

– Ils savaient quoi ?

Ses doigts se crispent autour de son verre d'absinthe.

– Tout.

– C'est-à-dire ?…

– Que tu t'intéresses à l'or d'Alger. Que tu allais m'approcher.

Je desserre ses doigts, m'empare de son verre. Je bois une gorgée d'absinthe.

– Et c'est qui « ils » ?

– Drilleux, mon chef de service. Et le commissaire Chantrel.

Je connais Drilleux. Chef du bureau politique à la direction de la Sûreté générale, poète à ses heures, il compte nombre d'amis à la Chambre et au Sénat. Il est cul et chemise avec Maurice Barrès, mais aussi avec Léon Blum, pilier de *La Revue blanche*. Par contre, je n'ai, jusqu'ici, jamais entendu parler du commissaire Chantrel.

Je repose le verre.

Je le repousse lentement avec une moue dégoûtée vers Huysmans qui rougit de nouveau.

*

Je rentre au journal, sûr d'y trouver Volodine, notre chef typographe, grand ennemi du Tsar de toutes les Russies. Grand ennemi de tous les tyrans du globe et des flics des cinq continents.

— J'ai un petit service à te demander, Dimitri. Je voudrais savoir si tu as déjà entendu parler d'un certain commissaire Chantrel… Paraît que cet olibrius trempe dans des affaires plutôt glauques. J'aimerais connaître un maximum de choses sur lui avant de les mettre, le cas échéant, à la une du *Clairon*.

— Chantrel, ça me dit rien. Mais je vais me rencarder au plus vite. Vous pouvez compter sur moi, patron.

— Je sais, Dimitri. Aussi vrai que la Volga prend sa source dans les collines de Valdaï…

Il rit.

J'aime bien son rire.

Et ses chroniques signées l'Ogre rouge dans *La Révolte*.

BRUXELLES

4.

CHAPITRE 25

Florimond Caspel est un garçon attachant.
Et volubile.

Il a les pieds sur terre. Malgré ce qu'il lui est arrivé il y a sept ans, en rentrant de l'école.

Une lueur verte qui se met à danser devant ses yeux. Puis l'encercle et l'emporte… Ailleurs.

Dans un endroit n'appartenant pas à notre monde tout en en faisant partie.

Où rien n'est tout à fait noir ni tout à fait blanc.

Où le gris prédomine.

A l'infini.

*

— Si je résume, Florimond, tu t'es rendu compte, en reprenant conscience, que tu te trouvais dans un désert de sable gris… Tu avais la certitude d'être sur Terre, mais dans une sorte de « *continuus* », de sous-plan mi-terrestre mi-astral … Tu avais chaud, la sueur te dégoulinait dans le dos. Tu as marché, marché, tu t'es enfoncé dans ce désert avant de découvrir un tombeau… Un tombeau circulaire.

— Oui.

Silence.

— Tu es capable de retourner là-bas ?

Hésitation.

— Oui.

— Vraiment ? Tu t'en sens la force ?

– Oui. Je m'en sens la force.

– Alors fais-le.

Nous sommes dans la chambre d'hôtel attribuée au jeune Florimond Caspel. La direction de *L'Arbalète* a bien fait les choses. La chambre est spacieuse et joliment meublée. Florimond est assis en Indien au milieu du lit, les yeux clos, paumes de mains vers le plafond.

Nous retenons notre souffle.

– Ça y est. Je suis en train de m'approcher du tombeau…

– Tout est gris autour de toi comme l'autre fois ? lui demande Julius.

– Oui. La pierre s'effrite. On dirait du pollen en suspension. Je traverse la pierre. Maintenant je suis à l'intérieur du tombeau.

– Il est vide ?

– Non.

– Qui est à l'intérieur du tombeau avec toi ?…

– « L'empreinte » du corps astral d'un homme qui est au service des « Veilleurs ». Il s'est réincarné… Il dispose de plusieurs identités aujourd'hui. À Montmartre, on le connaît sous son identité d'emprunt principale, celle d'Isidore Arkan, mais des familiers du Vieux Paris alchimique l'appellent Fulcanelli, le Forgeron solaire…

– Et toi, tu es une « empreinte » également ? demandé-je.

– Non.

– Tu es mort ?

– Je suis dans un état intermédiaire. Plus vivant que mort. C'est à la fois bizarre et douloureux.

De la sueur perle à son front. Sa bouche continue de se tordre.

— Revenons à l'occupant du tombeau sous forme d'empreinte, dit Julius. Il est mort depuis quand ? Tu es en capacité de le savoir ?

— Oui. Janvier 1835. C'est-à-dire un an après son retour d'Égypte.

— Qu'était-il allé faire là-bas ?

— Tenter de localiser un autre tombeau… Du côté de Saqqara. Un tombeau qui renfermait des vases canopes et des vases ayant approximativement la forme de nos cornues… Ces vases étaient couverts de hiéroglyphes, d'inscriptions concernant la voie du verre… Une voie alchimique que pratiquaient certains prêtres d'Héliopolis.

— Et il a réussi à le localiser, ce tombeau, du côté de Saqqara, l'homme qui se cache aujourd'hui sous l'identité d'Isidore Arkan ?

— Oui.

— Il était seul ?

— Non, des gens l'accompagnaient. Ils étaient trois, ils venaient de Bruxelles.

— Qu'ont-ils fait des vases couverts d'inscriptions alchimiques ?

— Il les ont ramenés ici.

Petite pause.

— Ici ?… Tu es de retour à Bruxelles ?

— Oui.

— Avec Arkan ?

— Avec Arkan.

— Où ça ?

— Rue des chapeliers.

CHAPITRE 26

Le sieur Isidore Arkan, familier de Montmartre et du Vieux Paris alchimique, mais aussi familier de Bruxelles, intrigue mon ami Julius.

Engranger un maximum de renseignements sur celui qui se fait volontiers appeler Arkan dans certains milieux parisiens devient la priorité de Julius, donc la mienne.

Qui est ce prétendu Isidore Arkan, autoproclamé Forgeron solaire ?

D'où vient-il ?

Que fait-il ?

Il nous faut absolument obtenir des réponses à ces questions.

*

Florimond Caspel, notre jeune stagiaire, est un médium exceptionnel. Il a retiré de sa « dissolution » dans la grande lueur verte rencontrée sur le chemin de l'école des pouvoirs qui dépassent l'entendement. Parmi ces pouvoirs je rangerai, faute de mieux, le don de double vue.

Plongé dans le somnambulisme magnétique, Florimond entre sans difficulté dans le tombeau « astral » de celui qui nous préoccupe. Un tombeau aujourd'hui vide puisque son pensionnaire s'est réincarné. Mais dont l'existence, dans l'astral, rend plus concrète, si j'ose dire, une donnée ésotérique qui a interpellé et continue d'interpeller, en Orient comme en Occident, nombre de cherchants.

La *seconde mort*.

Le commun des mortels ignore qu'on vit et qu'on meurt dans l'au-delà aussi simplement que l'on vit et que l'on meurt sur terre.

Au terme de son existence terrestre, l'âme se libère, elle rejoint l'astral. Elle y vit d'une manière fluidique, éthérée. Et elle laisse derrière elle, en « mourant » dans l'au-delà, une « forme-tombeau » encore remplie de la présence de son occupant (sous forme d'empreinte astrale). Donc de ses souvenirs.

Avant de se réincarner.

Et, de réincarnation en réincarnation, finir par briser ses chaînes…

Et recouvrer sa plénitude d'avant la Chute…

Et *s'éterniser* dans la gloire de l'Unique.

*

Peu à peu, le portrait se précise, grâce au don de « double vue » de Florimond et au flot d'images plus ou moins ordonné capté par notre jeune médium.

A force d'éliminations et de recoupements, on croit pouvoir faire naître celui qui nous intéresse à Paris, dans le Marais, en mai 1775, sous le règne de Louis XVI, en pleine « guerre des farines ». On le retrouve ensuite ingénieur des mines en Savoie, puis dans le Nord. Avant de rejoindre Bruxelles.

Au milieu des années 1820, le « sujet » de Florimond dirige, dans ce qui va devenir la capitale de la Belgique, une tannerie et une scierie, implantées le long du canal de Willebroek, faisant face au château de Laeken.

Le futur Arkan mène grand train. Collectionneur acharné, il fait la chasse aux vieilles montres et aux grimoires alchimiques. Il appartient à une loge maçonnique « sauvage » d'inspiration égyptienne. La Loge Isis, installée rue des chapeliers, dont les membres planchent volontiers sur l'alchimie, l'astrologie et la médiumnité.

Je suis bluffé par les capacités médiumniques du jeune Florimond.

Sans pour autant parvenir à m'empêcher, ponctuellement, de douter. Voit-il vraiment **tout** ce qu'il dit ? N'en rajoute-t-il pas pour nous faire plaisir ?

Ses capacités ne sont-elles pas parfois brouillées, parasitées par des forces négatives qui y auraient intérêt ?…

Le doute doit servir à l'accusé, disent les avocats pénalistes.

Eh ! bien doutons.

CHAPITRE 27

Séance du jeudi 4 avril 1895

– Que vois-tu, Florimond ?

– Les pattes du Sphinx… C'est la nuit. Ils sont venus avec un guide. Le même que d'habitude, sauf qu'il est armé.

– Et maintenant ?

– Ils sont à l'intérieur de la grande pyramide. Un homme leur parle… C'est un Rose-Croix.

– Que leur dit-il ?

– Je l'ignore. Je vois ses lèvres bouger mais je n'entends pas les paroles qu'il prononce. Par contre, j'entends la réponse que lui fait celui qui se fait appeler aujourd'hui Arkan.

– Quelle est cette réponse ?

– « Il sera fait selon votre volonté, Maître. »

*

Séance du vendredi 5 avril 1895

– Que vois-tu ?

– L'intérieur d'un cabaret.

– En Égypte ?

– Non, non. C'est à Paris. Et ça se passe aujourd'hui. Maintenant… A Montmartre. Arkan a un visage différent de celui qu'il avait en Belgique et en

Égypte dans son incarnation antérieure. Oui… Il a un nouveau visage. Plus rond. Plus ridé aussi.

– Celui de sa nouvelle incarnation… Il a quitté son tombeau astral depuis longtemps ?

– Au moins un demi-siècle.

– Il est toujours ingénieur ?

– Je ne sais pas. Ils est entouré d'anarchistes engagés dans une guerre obscure, une guerre de l'ombre qui concerne des gouvernements occidentaux mais aussi des sociétés secrètes sévissant en Asie et au Proche-Orient. Certains d'entre eux sont des « monte-en l'air », des cambrioleurs, mais aucun ne pose de bombes… Ce sont des pacifistes, des humanistes, des antimilitaristes… **Ils** me font comprendre que nous n'avons pas à savoir pourquoi ils cambriolent des ambassades, des ministères, à la recherche de dossiers relevant des Affaires étrangères ou de l'État-major des armées. C'est une question de cloisonnement. De prudence. De sécurité. **Ils** ont un message à nous faire passer.

– Lequel ?

– « Vous aussi vous êtes engagés dans cette guerre obscure… Mais votre envie de nous aider ne doit pas vous mettre en danger. Soyez patients… Nous vous contacterons le moment venu. »

PARIS

Avril 1895

ENGUERRAND DE MORTAGNE
5.
CHAPITRE 28

Jeudi 11 avril

Je cède à la tentation après avoir follement résisté.

La comtesse de Volange est une jeune veuve fortunée qui me poursuit de ses assiduités depuis notre rencontre, l'été dernier, à Rennes-les-Bains. Mon médecin, originaire de Narbonne, m'avait conseillé d'aller dans cette station thermale de l'Aude soigner la vilaine entorse que je m'étais faite en tombant de cheval.

Irène de Volange a hérité de son vieil époux, rappelé à Dieu il y a quatre ans, une fortune colossale. Elle fréquente les milieux martinistes et rosicruciens de la capitale. Elle est au mieux avec le Sâr Péladan. Profondément catholique, elle a un confesseur jésuite dont l'abbé de Boumol m'a dit le plus grand bien.

La chair est faible, dit-on.
Je confirme.

*

– Mon Dieu !
– Dieu n'y est pour rien, soufflé-je. Nos torts sont partagés.

– Que voulez-vous dire ? minaude-t-elle, en remontant les draps jusqu'à son menton.

– Que votre tempérament s'accorde parfaitement au mien. Nous sommes faits pour nous entendre, Irène, dans l'intimité comme dans les salons parisiens tout bruissant d'indiscrétions.

J'achève de nouer mes lacets.

– Comment voyez-vous notre avenir, Enguerrand ?

– Comme cette chambre… Débordant de promesses.

– Mais encore !

– Douce lumière, les soirs d'orage. Appels de l'aventure quand la mer, autour de nous, semblera létale…

Elle soupire.

– J'ai tellement besoin d'absolu, Enguerrand, savez-vous ?

– Absolument.

Rire de gorge.

– Pour l'heure, m'enjoint-elle, cessez de triturer ces énervants lacets, tournez le dos à la porte. Débarrassez-vous de votre chemise, de votre pantalon et de votre caleçon pour revenir dans mon lit, j'ai tellement de temps à rattraper !

CHAPITRE 29

Je quitte l'hôtel particulier de la comtesse de Volange sous une pluie battante qui se mue en déluge au milieu du boulevard Raspail.

Les trombes d'eau martelant le toit du fiacre m'aident à rythmer l'air que je me surprends à fredonner à l'entrée de la rue Émile-Richard.

« J'ai dit à mon cœur »…

Inutile de nier l'évidence.

Je suis tombé amoureux de la comtesse de Volange dès notre première rencontre tout en refusant de l'admettre. J'ai des excuses… Elle est la beauté, la grâce, la féminité, l'intelligence incarnées. Et je puis ajouter aujourd'hui, sans crainte de me tromper, la sensualité.

Pour un peu, j'en oublierais mon rendez-vous avec Lord Bronwater au Café Anglais.

*

Le boulevard des Italiens est noir de monde.

Mon cocher se faufile habilement entre les fiacres, échange quelques jurons et doigts d'honneur avec ses confrères avant de me déposer, intact, devant une immense flaque d'eau, à l'angle de la rue de Marivaux.

Lord Bronwater m'attend dans le salon particulier où il a ses habitudes.

Boiseries d'acajou. Grands miroirs patinés à la feuille d'or.

Plateaux d'argent gorgés de toasts.

Seau à champagne.

– Potage Germiny pour commencer, ça vous va ?…

– Parfait.

CHAPITRE 30

– Je partage l'analyse de l'abbé de Boumol, grimace Lord Bronwater après avoir terminé son potage Germiny (créé par feu le chef Dugléré en hommage au comte Le Bègue de Germiny, gouverneur de la Banque de France, grand ami de feu mon grand-père maternel). Nous traversons une période particulièrement délicate. Nous allons devoir dépenser des trésors de prudence et d'imagination…

Il sourit.

– … A propos de trésors, avez-vous avancé sur celui de la Régence ? Vous m'avez confié, lors de notre rencontre, que vous prépariez un article sur l'or d'Alger.

Je lui rends son sourire.

– Je ne sais pas si j'ai vraiment avancé…

Silence.

– J'ai par contre assisté à un épisode sanglant, boulevard de Clichy, dans une ancienne savonnerie, dis-je. Deux hommes ont été assassinés sous mes yeux à l'arme blanche, le lundi 25 mars dernier… La veille de faire votre connaissance chez la duchesse du Veudrille de Sarmante.

– Diantre, feint-il de s'étonner avec une moue moqueuse, mais que faisiez-vous là ?

– Je savais qu'une partie de l'or d'Alger devait être transférée dans l'ancienne savonnerie. Je voulais le vérifier de visu avant d'en faire profiter, éventuellement, les lecteurs du *Clairon*. Mais je ne m'attendais pas à un dénouement de cette nature.

On nous apporte nos épaules d'agneau farcies pendant que je continue de lui décrire ce qui s'est passé dans la cour pavée de l'ancienne savonnerie.

– Nos chemins convergent, Enguerrand, vous le savez, me rappelle sentencieusement Lord Bronwater après le départ des serveurs. Je suis ravi de pouvoir vous fournir quelques éléments d'information, au terme de la petite enquête que certains de mes amis ont menée. Vos deux victimes ont été enterrées dans un terrain vague de Clichy. L'or et les pierreries ont été transférés par péniche du côté de Narbonne... Le commandant Brémont a subi des défections. La plupart de ses hommes l'ont laissé tomber, ils sont passés au service des Belges. C'est le cas du cocher, et celui du « dandy » qui est par ailleurs « la mouche » du commissaire Chantrel. Léopold II a repris la main, il a recruté, pour remplacer Vandermeulen, un ancien officier de l'Okhrana, la police secrète russe... Cet ancien officier se fait appeler « le Tzar »... C'est lui qui a convoyé le coffre et son précieux contenu à Narbonne.

La cuisson de l'agneau est parfaite.

– ... Bref, résume Lord Bronwater avec un clin d'œil appuyé, Brémont traverse une période plus que délicate...

Je le regarde verser le Châteauneuf du Pape dans nos verres.

– ... A sa place, je ferais en sorte de changer d'air très, très vite...

Puis, brusquement :

– ... Que savez-vous de ce cher commandant Brémont ?

Il repose la bouteille avec une infinie lenteur.

– Notre rédaction s'intéresse depuis quelque temps à Paul Déroulède et son entourage, dis-je. Nous n'avons pas eu grand mal à découvrir que le frère cadet de Brémont s'avère être le garde du corps de Déroulède et accessoirement son nègre. Ils pratiquent tous deux la savate et ont un beau brin de plume.

– Mais encore ?

– Le commandant Brémont a été chassé de l'armée. Officiellement, il a démissionné de son poste. En réalité, il aurait détourné une partie des fonds secrets mis à sa disposition… Il l'aurait fait pour régler des dettes de jeu.

Lord Bronwater boit une gorgée de vin, ferme les yeux tout en reposant son verre.

– Avez-vous une idée de ce qu'il mijote ?

– Il cherche à renverser la République, dis-je.

Il rouvre les yeux.

– Exact. Il trempe dans un complot royaliste plutôt bien préparé.

– Avec Déroulède ?

– Déroulède, Drumont et quelques autres…

Il m'adresse un clin d'œil appuyé.

– … Fort heureusement, j'ai un homme dans la place. François Jollivet Castelot, originaire de Douai. Il est royaliste, proche de Péladan et du marquis de Guaita… Il s'apprête à publier un ouvrage sur l'alchimie au *Mercure de France*. Il a la confiance des légitimistes et celle des naundorffistes. Grâce à Jollivet Castelot, je ne perds pas une miette de ce qui se trame en coulisses.

CHAPITRE 31

Vendredi 12 avril

J'ai besoin de m'entretenir avec mon ami Clovis de Tordal, baron de son état, chevalier de Malte, dramaturge de génie.

Mais surtout infatigable chasseur de trésors…

Clovis a de qui tenir, il est le fils de feu le baron Aimery de Tordal, actionnaire de la défunte *Société franco-péruvienne des Mines d'Or de la province de Carabaye*, fondée par le marquis Villiers de l'Isle-Adam.

L'hôtel particulier des Tordal s'élève au milieu de la rue des Francs-Bourgeois. Je m'y rends en tilbury.

Clovis est seul. Son épouse et leurs deux filles séjournent actuellement au château familial, en Champagne.

Un vieux serviteur m'introduit dans le cabinet de travail de mon ami. Revêtu de sa sempiternelle robe de bure doublée d'hermine, Clovis a chaussé ses lorgnons écaille de tortue repliables. Il est penché sur une carte de France.

– Approche-toi, m'intime-t-il de sa voix éraillée. Je suis dans une phase délicate… En plein pays de Caux. Des « gardiens » m'empêchent d'approcher d'Étretat.

Je m'approche sur la pointe des pieds.

Je reste de longues minutes silencieux et immobile. Clovis finit par replier sa carte, réajuster ses lorgnons. Il m'invite à le suivre jusqu'à la cheminée où, été comme hiver, crépitent des bûches qu'il fait venir de sa forêt des Landes. Je prends place dans le fauteuil qu'il réserve à ses rares visiteurs.

– Quel bon vent t'amène ?

Je désigne du menton et des yeux la carte qu'il vient de replier.

– « Tes » gardiens, je suppose. Ce sont eux qui m'ont incité à me détourner d'une affaire en cours pour venir te faire un petit coucou.

Il fronce le sourcil.

– Sois plus précis.

– Je vais essayer…

Après m'être raclé la gorge, je lui résume l'épisode sanglant de l'ancienne savonnerie et ma conversation avec l'abbé de Boumol. J'essaye de ne rien oublier.

– Quel rapport avec le pays de Caux ?

– Je ne sais pas, dis-je. Je sens confusément qu'il y en a un… J'ai été « poussé » à venir ici alors que je me rendais à mon journal. Et en te voyant penché sur cette carte de l'Hexagone, j'ai « senti » l'existence d'un lien direct entre le lieu qui te préoccupe et l'un des affluents du fleuve Pactole évoqués par l'abbé de Boumol.

Clovis hoche la tête.

– Intéressant.

– Ah quand même ! ricané-je.

Il ôte ses lorgnons, les replie, les glisse dans la grande poche ventrale de sa robe de bure.

– J'ai rêvé de mon père, la nuit dernière, dit-il. Il pleuvait. Il m'avait donné rendez-vous dans une ruelle du vieux Rouen. J'étais en retard. Je l'ai entraperçu dans un fiacre. « Cours chez ton ami Enguerrand, il sait tout ! » m'a-t-il hurlé avant de disparaître.

CHAPITRE 32

Je regarde l'auteur de l'inoubliable *Bataille des éperons d'or*, drame en trois actes, resté trois années durant à l'affiche du Châtelet, tisonner dans l'âtre. S'étirer. Bâiller. Puis ranger son tison.

– Que suis-je censé savoir ? dis-je.

– Tout, ricane-t-il.

Je me gratte longuement l'occiput.

– C'est bien là le problème, Clovis. Je ne sais rien… Si je suis venu chez toi, c'est pour apprendre certaines choses. Du moins en ai-je eu l'intuition en chemin, alors que je me rendais à la conférence de rédaction du *Clairon*. Et toi, tu subodores que je sais « tout » sur la base du rêve que tu as fait cette nuit !

Le baron de Tordal retourne se caler dans son fauteuil.

– Le « tout », confesse-t-il, comprend ce que tu crois savoir, Enguerrand, c'est-à-dire de l'or et des pierres précieuses contenus dans un coffre pour lequel deux hommes au moins sont morts, d'après ce bavard de Huysmans. Et le reste… Autrement dit, ce que tu ne connais pas encore, mais que tu vas tôt ou tard connaître, d'après mon père. Sachant que là où il est, mon père n'a pas la même perception du temps et de l'espace que nous.

Je me contente de hocher la tête.

Il poursuit en fermant les yeux :

– Ouvre grand tes oreilles, Enguerrand. Je vais t'aider à remonter le temps…

*

Tout est censé commencer en 1702, dans la baie de Vigo, en Espagne.

Des galions en provenance du Mexique sont coulés au large des côtes de la Galice avec leur cargaison d'or.

Le marquis Joseph-Toussaint de Villiers de l'Isle-Adam découvre, en 1826, dans une caisse d'archives abandonnée au fond d'un cellier, alors qu'il est jeune séminariste à Saint-Sulpice, des documents en provenance d'une vieille famille normande. Ces documents rédigés en patois cauchois, glissés au milieu de relevés cadastraux, sont visiblement codés. Le marquis réussit à en percer le code et se rend compte qu'ils concernent les coordonnées du naufrage, au large des côtes de la Galice, des galions et de leur précieuse cargaison venus du Mexique. Du moins le laisse-t-il entendre à sa famille.

Sauf que la version qu'il livre à son plus proche ami, le baron Aimery de Tordal, est tout autre…

CHAPITRE 33

— Les documents normands de Saint-Sulpice, grimace Clovis, ne concernaient pas les galions coulés avec leur cargaison dans la baie de Vigo mais un navire arrivé intact… Avec une cargaison en provenance du Pérou.

Je fronce le sourcil.

— Du Pérou ?

— Oui. Et cette cargaison n'était pas portée disparue depuis 1702 mais depuis 1342… C'est-à-dire en plein Moyen Âge !…

Sourire de Clovis.

— … Les Templiers exploitaient des mines d'or et des mines d'argent au Mexique et au Pérou. Ils retiraient de l'exploitation de ces mines des richesses considérables qui leur permirent de financer en terre de France la construction des cathédrales gothiques. À l'automne 1307, peu avant l'arrestation des Templiers, l'essentiel de la flotte du Temple appareilla au large de La Rochelle au nez et à la barbe des sbires de Philippe le Bel, roi félon, jouet des Forces noires, et cingla vers le Pérou… Les Maîtres gardiens de la Tradition avaient opté pour la survie du Temple et de sa flotte. Ils veillèrent à ce que les nefs parties de la Rochelle ralliassent les côtes péruviennes. Pendant qu'en France était créée une jurande templière chargée de recruter de nouveaux membres et de mener des activités clandestines en l'attente de jours meilleurs.

« Dans cette optique, précise Clovis, des cargaisons d'or, en provenance des mines «templières » du Pérou encore en capacité d'être exploitées, furent transbordées en Angleterre, au Portugal et en France dès 1327. Des navires accostèrent à Collioure ainsi que le long des côtes normandes. D'après les documents découverts à Saint-Sulpice par le marquis de Villiers de l'Isle-Adam et que mon père put consulter, une cargaison d'une tonne d'or dissimulée dans des tonneaux fut déchargée à Étretat en 1342… Cette tonne d'or de provenance péruvienne fut répartie dans plusieurs caches et confiée à la garde de moines normands appelés « les moines rouges ». Villiers de l'Isle-Adam et mon père ont cherché à localiser ces caches. En vain jusqu'à leur mort…

Il soupire.

– … J'ai pris le relais au lendemain des obsèques de mon père. Sans grand succès jusqu'ici, hélas. J'ai financé trois phases d'exploration à Étretat, la dernière sous la falaise du Blanc-Trait… Je n'ai retiré de ces phases d'exploration que des carcasses de goélands.

BRUXELLES

5.

CHAPITRE 34

Lundi 15 avril

— Elle existe, la fameuse Loge Isis, m'annonce mon ami Julius Breuchel.

Nous sommes dans les locaux de l'hebdomadaire *L'Arbalète*. Ça bourdonne comme dans une ruche.

— C'est une bonne nouvelle, dis-je.

— Oui. Delville et Le Clément de Saint-Marcq ont cherché à se faire coopter au sein de cette Loge Isis mais ils n'y sont pas parvenus…

Jean Delville est un peintre symboliste qui a coutume d'exposer aux salons de la Rose-Croix esthétique, il part favori cette année pour le prix de Rome. J'adore ses tableaux. Surtout son *Parsifal*. Et j'ai brièvement partagé avec son compère Le Clément de Saint-Marcq, chantre du spiritisme et de la sexualité débridée, une jeune et jolie poétesse qui n'allait pas tarder à nous délaisser pour une danseuse du Moulin-Rouge.

— Paraît que pour être admis au sein de la loge de la rue des chapeliers, poursuit Julius, il faut remplir des critères qui ne sont pas à la portée de tout le monde… Le Clément de Saint-Marcq, qui a pris ses distances avec les amis de Péladan, a mis des médiums sur le coup. Il leur a demandé de pénétrer « astralement » dans la Loge Isis pour espionner leurs travaux… Ça s'est mal terminé pour les médiums.

– Comment ça, mal terminé ?

Julius Breuchel fait la grimace.

– Crises d'angoisse. Cauchemars. Fenêtres s'ouvrant chez eux en pleine nuit. Spectres aperçus dans les escaliers. Ce genre de choses…

*

Mardi 16 avril

Même ligne de tramway. Porte de Namur – Bois de la Cambre.

Même intervenant. Le vieil homme aux longs cheveux blancs… Redingote soigneusement coupée. Canne à pommeau d'argent.

Il interpelle Julius à voix basse, il lui transmet des consignes claires :

– Détournez-vous pour le moment de la rue des chapeliers. Oubliez la Loge Isis… Concentrez-vous sur la disparition des jeunes filles. Le « tombeau » d'Arkan s'ouvrira de nouveau le moment venu… Ainsi que d'autres tombeaux.

CHAPITRE 35

Nouvel objectif, Lady H.

On a de la chance.

Hortense Ducatillon, alias Lady H., n'a pas quitté Bruxelles. Elle est encore à son hôtel, à deux pas de la pension Vermersh. Nous nous y rendons derechef. Elle nous reçoit avec le sourire dans sa « suite princière » et accepte volontiers notre invitation à dîner.

Au *Gastronome*, place de la Monnaie.

Lapin à la Kriek, chicons farcis. On parle théâtre, littérature. Puis on aborde la disparition de sa nièce, Camille Vanloo.

— La gendarmerie n'a pas poussé bien loin ses investigations, grimace Lady H., désabusée.

— Qu'est-ce qui vous fait dire ça ?

Elle cesse de triturer la boulette de pain sur laquelle elle s'acharne depuis qu'elle a repoussé son assiette sans avoir touché aux chicons.

— Le commissaire Dejonk.

Sourire en coin de Julius.

— Vous êtes en contact avec Dejonk ?

— Oui.

— Depuis longtemps ?

Elle plisse le front.

— C'est un interrogatoire ?

Petit rire de Julius.

– C'est vrai que ça y ressemble. Vous n'êtes pas obligée de répondre, mais…

Elle se remet à triturer sa boulette de mie.

– Mais ?

– Nous allons dans le même sens, mon ami Arsène ici présent, moi, vous… Nous n'empruntons peut-être pas le même sentier, mais nous allons dans le même sens et c'est ce qui compte, vous ne croyez pas ?

Elle plisse le front. Hoche la tête.

– Si.

Je juge bon d'intervenir.

– **Ils** comptent sur nous…

– Ils ? s'étonne Julius.

– Ceux qui savent. A des degrés divers… Maîtres gardiens de la Tradition, entités, portiers des étoiles. Ceux qui nouent les fils tissés par l'Unique qui est au delà des cieux et des siècles.

Sourire de Lady H.

– Arsène a raison. Le hasard n'existe pas… Œuvrons ensemble.

CHAPITRE 36

Grâce à Lady H., nous sommes en mesure de mieux comprendre ce qui s'est passé à Mesvin, le lundi 2 avril 1894, aux environs de 23 heures.

La jeune Julie Capelle s'enfuit de chez elle en passant par la fenêtre de sa chambre, elle se laisse glisser le long du tuyau d'écoulement d'eau de l'estaminet de sa mère et court chez son amie Camille Van Loo, en coupant à travers champs. Julie a coutume d'agir de la sorte, une ou deux fois par semaine, après la fermeture de l'estaminet. Les deux adolescentes sont passionnées de spiritisme, de magnétisme et de divination. Elles interrogent régulièrement les esprits et les cartes.

Ce lundi-là, elles interrogent les Tarots. Sans grands résultats. Et au cœur de la nuit, alors que Camille raccompagne Julie à travers champs, après avoir longé ce qu'elles appellent « a grande mare à boue », un cigare rougeoyant fait son apparition au-dessus d'elles. Des disques tout aussi rougeoyants en sortent… Les deux jeunes filles se sentent happer par des faisceaux lumineux émanant d'un des disques et perdent connaissance… Quand elles reprennent conscience, elles retournent à la ferme.

Le père de Camille court alerter la mère de Julie.

L'affaire a vite fait de s'ébruiter.

Les curieux affluent au Ratintou dans les jours qui suivent l'épisode du « cigare volant ». Des messieurs venus de Bruxelles et de Charleroi garent leurs fiacres dans la cour de la ferme Vanloo.

Alertée par sa tante, Lady H. débarque à son tour chez les Vanloo. La petite Camille se sent en confiance, elle parle, elle parle.

Et ses paroles valent d'être écoutées.

Deux semaines plus tard, Camille et Julie disparaissent.

Leurs chambres sont retrouvées vides.

Les deux jeunes filles n'ont emporté aucun linge de rechange.

*

– En fait, lors de l'apparition du cigare et des disques rougeoyants, Camille et Julie n'ont jamais perdu tout à fait connaissance, nous confie Lady H., elles ont flotté entre deux plans de conscience… Même lorsqu'elles ont été happées par le faisceau lumineux émanant d'un des disques, elles sont restées conscientes… Des créatures ont quitté le cigare rougeoyant pour les rejoindre dans le faisceau et leur permettre, par imposition des mains, d'acquérir certains « pouvoirs »… Comme celui de voir à distance.

Julius hoche la tête.

– Vous soutenez, vous aussi, que notre planète se trouve sous contrôle ?

Sourire de Lady H.

– Je soutiens une évidence… Ça me paraît être la moindre des choses.

CHAPITRE 37

Suite du feuilleton.

Jeudi 5 avril 1894.

Fin de soirée.

Lady H. est chez les Vanloo, elle interroge la jeune Camille après l'avoir plongée dans le somnambulisme magnétique.

– Le rayon lumineux te frappe en plein front, tu sens sa force ?

– Oui.

– Ceux qui dirigent le rayon lumineux, ils viennent d'où ?

– Je ne sais pas… Ils ne veulent pas que je le sache !

– Mais tu as ta petite idée, non ?

Sourire de Camille.

– Oui.

– Et c'est quoi ton idée ?

– Ils sont venus d'une autre planète il y a très très longtemps…

– Et ils sont restés ?

– Oui.

– Où ça ?

– Ils ont creusé une « station », mais assez loin d'ici… En France, je crois bien. Ils sont en guerre contre les occupants d'une autre « station », mais je ne peux pas en dire plus, ils sont en colère quand j'essaye de visualiser l'autre « station », ils m'envoient des ondes qui me vrillent le crâne et me donne envie de vomir. Comme maintenant… Excusez-moi.

Elle réprime un haut-le-cœur. Lady H. la laisse récupérer avant de l'interroger de nouveau.

— Tu es toujours dans le champ de colza ?

— Oui, je suis allongée… Ma tête repose sur la cuisse gauche de Julie. Mais je suis surtout ailleurs… A Bruges.

— A Bruges, tu es sure ?

— Oui. Je suis dans un escalier, sans Julie. Des jeunes filles de mon âge m'entourent. Elles courent comme moi, elle rient car des hommes courent derrières elles et les chatouillent. Les hommes sont habillées mais les jeunes filles sont nues. Totalement nues. Elles ne savent pas qu'elles vont participer à une messe noire…

*

Vendredi 6 avril 1894.

Toujours chez les Vanloo.

— On est à Bruges cette fois encore… Il fait froid, on est dans une barque. On emprunte un canal. Les filles ont été droguées.

— Elles sont combien ?

— Trois. Moi, les hommes ne me voient pas. Ils ne voient pas Julie non plus qui m'accompagne, ils ne voient que les trois filles. Ils les surveillent car ils les ont droguées avant de les placer dans la barque et de les dissimuler sous une bâche. Elles sont destinées à être sacrifiées lors d'une messe noire... Ces cérémonies sataniques ont lieu deux à trois fois par mois.

*

Et maintenant ?

– Je suis toujours allongée dans le champ de colza avec Julie, mais je suis aussi dans un couloir… À Bruges, une fois de plus. Seule. Dans une belle demeure en bordure de canal. Devant une porte sculptée… Je distingue des fleurs de pavot et des serpents taillés à même le bois. Des ferrures noires. Une serrure dorée. Les filles sont réveillées. Elles pleurent, elles tremblent, elles supplient les hommes vêtus de noir qui les ont traînées devant la porte de leur ôter leurs liens. Mais ces hommes se contentent de rire, de glisser une main entre leurs cuisses, de fouiller leurs parties intimes.

*

– Ils ont creusé une fosse dans un jardin envahi par les ronces… Ça sent l'herbe mouillée et l'argile.

– À Bruges ?

– Oui.

– Le jardin d'une des maisons qui abritent les messes noires ?

– Oui. Celle qui a une porte intérieure sculptée avec des fleurs de pavot et des serpents taillés à même le bois.

– Ils ont jeté les corps des trois filles égorgées dans cette fosse ?

– Oui… Et maintenant ils sont occupés à reboucher la fosse.

PARIS

ENGUERRAND DE MORTAGNE
6.
CHAPITRE 38

Le soir de ma petite visite à mon ami Clovis de Tordal, je sirote un brandy, plongé dans la lecture de *Madame Bovary*.

Je suis allongé sur le sofa de mon cabinet de travail, la tête posée sur un amas de coussins. Je sens une douce torpeur m'envahir en pleine scène des Comices, au moment où Emma Bovary se laisse séduire par Rodolphe Boulanger de la Huchette, alors que les grands bonnets des paysannes se soulèvent comme des ailes de papillons blancs.

Je pose mon verre sur le tapis et me laisse aller avec les papillons.

La momie qui me visite parfois en rêve en profite pour écarter les papillons, me prendre la main et me faire monter dans un fiacre.

Direction gare Saint-Lazare.

Locomotive à vapeur. Pluie d'escarbilles jusqu'au tunnel de Rolleboise.

Au Havre, je loue un tilbury pour franchir la trentaine de kilomètres qui me sépare d'Étretat.

Les papillons blancs réapparaissent.

Je me réveille brusquement.

Mardi 23 avril 1895

Je m'apprête à refaire le même parcours.
De bon matin.

Sans la momie… Sans les papillons blancs.

Dans le réel.

Dans la plus concrète des banalités. Comme des centaines de voyageurs, parmi lesquels nombre de voyageurs de commerce, de séminaristes et de militaires.

Je suis déterminé à faire ce que j'ai promis à mon frère.

J'ai un léger mal de gorge. Je suce depuis que je suis sorti du lit des pastilles « bois de vie », à base de résine du gaïac.

*

Je grimpe dans le fiacre que m'attend au pied du perron, fiacre à peu près semblable à celui de mon rêve, le soir de mon passage chez Clovis de Tordal.

Sauf que ce matin je ne rêve pas. Et que le cocher n'est ni barbu ni chapeauté comme l'autre soir.

Je suis parfaitement éveillé.

Et des plus enrhumé…

Je fais transporter mes malles et mes quatre-vingts kilogrammes de muscles jusqu'à la gare Saint-Lazare.

Je suis ganté, chapeauté. Et ne cesse d'éternuer.

C'est la cohue. Je dois jouer des coudes pour trouver deux porteurs et atteindre dans leur sillage les wagons de tête du Paris-Le Havre.

*

Je m'offre quatre heures de train.

Puis une heure de tilbury, compte tenu d'une longue pause pipi à Montivilliers, face à la mer, petite contrainte du réel.

Je descends à l'hôtel Blanquet d'Étretat où mon secrétariat m'a retenu une chambre donnant sur la plage et la fameuse Aiguille.

Je suis en reportage.

J'ai décidé de placer mes pas dans ceux de Gustave Flaubert et de Guy de Maupassant, amoureux fous d'Étretat.

Je suis en service commandé pour *Le Magazine de l'inconvenant* dirigé par mon frère Eustache.

J'ai une petite semaine devant moi.

CHAPITRE 39

Je tiens le thème de mon premier article en forme d'amuse-gueule.

Flaubert, chasseur de vampires.

Tellement inattendu.

Fruit d'une rencontre survenue à Étretat même, ce jeudi 24 avril, en fin de matinée, devant l'entrée du Fort de Fréfossé, après la remise d'une carte de visite par le réceptionniste de l'hôtel Blanquet.

Un vieil anglais à la crinière blanche et au teint lie-de-vin a marché vers moi en boitillant, main gauche crispée sur le pommeau de sa canne, main droite tendue.

— Lord Bronwater m'a tellement parlé de vous, monsieur de Mortagne !… Je n'ai pas résisté au plaisir de grimper dans un bateau pour venir faire votre connaissance !…

Maintenant nous déjeunons ensemble à la terrasse du Coup de Fourchette donnant sur une mer turbulente. Plateaux de langoustes, homards, huîtres, crabes-araignées. Muscadet.

Sir Archibald Evans se montre intarissable sur Gustave Flaubert.

— Il a été initié en Égypte, une nuit, à l'insu de Maxime Du Camp, par mon père, figurez-vous… Par la suite, Flaubert est venu à plusieurs reprises à Londres. Son premier vampire, il allait le croiser au cimetière de Highgate, il reposait dans la solitude d'un tombeau soigneusement entretenu.

Je ne puis m'empêcher de sourire. Une lettre de Flaubert à sa maîtresse Louise Collet publiée par mon père dans *Le magazine de l'inconvenant* m'est revenue en mémoire. Dans cette lettre, l'auteur de *Madame Bovary* déplorait en Highate un abus d'architecture égyptienne et étrusque. Il confessait aimer, en fait de cimetières, ceux qui étaient dégradés, ravagés, en ruines, pleins de ronces et d'herbes hautes.

– Les vampires ne sont pas ce que prétend la littérature populaire, monsieur de Mortagne, confesse Sir Evans. Derrière l'approche folklorique, cape noire doublée de rouge, longues incisives pour mordre leurs proies, il convient de cerner une réalité plus prosaïque : des êtres de chair et d'os, mortels comme vous et moi, tout entiers voués au mal. Liés par un pacte démoniaque aux « Puissances » dont parlait saint Paul… Se livrant, dans le silence de leur salle de magie, à des rituels maudits, alourdis de fumigations, de sperme et de sang… En lien avec les Maisons noires du globe.

*

Je regarde Sir Evans embarquer sur le bateau appelé à le ramener à Fécamp où l'attend son épouse.

Je m'accorde ensuite une longue promenade pédestre en bordure de falaise.

J'adore réfléchir en marchant.

CHAPITRE 40

Selon Sir Evans, Gustave Flaubert a appartenu à un « cercle » de chasseurs de vampires.

Un cercle plus ou moins rattaché au Cercle.

Pour ceux qui savent…

Impossible de ne pas tenir compte des confidences que m'a faites le vieil Anglais avant de quitter Étretat :

« Le Cercle se préoccupe d'obscure diplomatie, monsieur de Mortagne. Il est engagé dans une guerre occulte que la plupart de nos contemporains ignorent et qui ne s'arrêtera qu'avec la Parousie. Il suit les préceptes de la Rose-Croix…

« Une Rose-Croix historique pour les uns, mythique pour les autres. Une Rose-Croix soucieuse, en tout cas, d'éduquer, de conseiller en coulisse les princes et les rois. Et, depuis la Révolution française, soucieuse d'approcher les présidents du Conseil, les présidents de la République, les ministres, les députés, les sénateurs, les chefs de partis…

« Le Cercle est l'un des rouages à caractère R+C mis en place par les « Veilleurs » (concernés par la situation inquiétante de notre planète) — derrière lesquels se tiennent les « Grands Veilleurs » concernés par le devenir des galaxies — pour tester discrètement les personnages que je viens d'évoquer. Afin de tisser des liens avec les plus « compatibles » d'entre eux et chercher à les réconcilier avec l'application des principes traditionnels dans l'exercice du pouvoir politique.

« Tâche ô combien délicate en pleine traversée du Kali Yuga ou Âge Noir. D'où l'intérêt que représentait Flaubert pour le Cercle en raison de sa proximité avec la princesse Mathilde et l'impératrice Eugénie, l'épouse de Napoléon III… »

*

Le vent souffle.
Il m'oblige à avancer courbé.

*

Je longe le bord de mer sur trois cent mètres, laissant derrière moi la falaise d'Aval, le Fort de Fréfossé et l'Aiguille.

J'atteins le saillant que la nature semble avoir sculpté pour obliger la falaise à séparer la plage — dont Flaubert aimait fouler les galets — d'une autre plage à laquelle on accède en franchissant un court tunnel que je renonce à emprunter.

Je reste un long moment immobile. A me remémorer, le regard noyé dans les vagues qui fouettent l'horizon, les paroles prononcées par Sir Evans au milieu du repas :

« Il existe aujourd'hui encore, à Étretat, dans une cachette jusqu'ici inviolée, une formidable réserve de pièces d'or non frappées mise, par la branche française de la très pragmatique Rose-Croix, à la disposition des rois de France. Louis XVI a été le dernier roi à en profiter... »

Et au moment de nous séparer :

« Ce qu'il reste de l'or qui était destiné à Louis XVI, des agents de la contre-initiation se sont organisés de nos jours pour mettre la main dessus... Ils le cherchent inlassablement. Mais je doute qu'ils parviennent à s'en emparer. »

« La chaîne des « Veilleurs » d'Étretat n'a pas été rompue par la Révolution française. Aujourd'hui encore, l'un des maillons de cette chaîne reste soudé au **centre** de Montmartre... »

« Et il se murmure, ici et là, que l'or en question devrait servir, le moment venu, à préparer l'avènement du Grand Monarque, dans le cadre d'une période très troublée devant aboutir à la Parousie... »

*

Je rentre à l'hôtel.

Pour refaire le même parcours le lendemain. Et m'attarder, à marée basse, non loin de l'Aiguille, devant de larges et profondes cuves taillées à même le roc...

Les vestiges d'un parc à huîtres.

Le parc à huîtres du baron de Bellevert.

CHAPITRE 41

Singulier personnage que ce baron de Bellevert !

Il crée en commandite, par devant notaire, la société d'exploitation des huîtres d'Étretat, en l'an de grâce 1783, si j'en crois les notes glissées dans l'enveloppe grise que m'a remise Sir Evans avant de prendre congé de moi

Notre baron fait procéder à l'installation de quinze bassins gigantesques abritant plus de cinq cents cuves. Installation ô combien coûteuse… Mais — hélas — réalisée à perte…

Si les huîtres d'Étretat qui sortent des bassins de Bellevert sont de qualité, elles ne parviendront jamais à être rentables, d'après Sir Evans. Jamais.

Elles sont fort prisées de la reine Marie-Antoinette. Aussi le baron de Bellevert les expédie-t-il à Versailles par convois bâchés. Rien n'est laissé au hasard. Les chariots utilisés sont scellés avant de suivre un itinéraire soigneusement minuté. Dix à douze chevaux par convoi aux heures de départ et d'arrivée fixées par l'expéditeur..

Interdiction aux convoyeurs d'ouvrir les caisses.

Comme si on avait affaire à un… secret d'État.

*

Outre des chariots, des chevaux et des bureaux, la société en commandite du baron de Bellevert possédait deux sloops, « La Syrène » et « La Cauchoise ».

Vers quelles destinations ces deux sloops avaient-ils coutume d'appareiller ?

Mystère, selon Sir Evans.

Des documents dormant aux archives de la Seine vont peut-être me permettre de répondre à cette question ô combien légitime.

Je croise les doigts en reprenant le train pour Paris avec mes malles et mon rhume.

CHAPITRE 42

J'ai croisé les doigts pour rien.

Au terme de deux jours d'immersion aux archives de la Seine, force m'est de constater qu'il n'existe aucun document de nature à m'aider à résoudre l'énigme des destinations de « La Syrène » et de « La Cauchoise ».

Tout juste suis-je en mesure de certifier aux lecteurs du *Magazine de l'inconvenant* que les documents qu'il m'a été permis de consulter dès mon retour d'Étretat sont le fruit de perquisitions opérées au domicile parisien du baron de Bellevert sur ordre des Conventionnels.

Déclaré mort en juillet 1797, Bellevert — d'après Sir Evans — aurait utilisé une autre identité pour vivre de nouvelles aventures et continuer de servir la cause royaliste… Il serait devenu le baron de Batz.

Quoi qu'il en soit, les documents saisis sur ordre de la Convention chez Bellevert apportaient, et continuent d'apporter, un siècle après la disparition du roi Louis XVI et de la reine Marie-Antoinette, la preuve du lourd déficit accumulé par la société d'exploitation du parc à huîtres d'Étretat.

Celle-ci travaillait ostensiblement à perte…

A perte pour le baron de Bellevert, certes. Mais pas pour la cassette secrète du roi Louis XVI si les huîtres d'Étretat servaient à masquer l'acheminement de l'or prêté au roi de France par des gens très organisés se réclamant de la Rose-Croix.

CHAPITRE 43

J'ai vu juste.

Avec sa livraison de mai 1895, *Le Magazine de l'inconvenant* enflamme les imaginations françaises.

Mon frère Eustache est aux anges, notre père jubile.

Le Magazine s'arrache dès sa sortie en kiosque. On effectue un nouveau tirage en fin de soirée. Et un autre tirage le lendemain. Et un autre encore le surlendemain.

Mon reportage a fait mouche, la presse française est unanime à le reconnaître.

Sir Arnold — ainsi ai-je rebaptisé pour nos lecteurs Sir Evans dès les premières lignes de mon « Escapade à Étretat » — est en passe d'évincer l'abbé Faria dans l'imaginaire hexagonal. Son hypothèse, que j'ai fait mienne dans *Le Magazine de l'inconvenant*, s'étale désormais en première page du *Petit Journal*.

Et du *Gaulois*.

Et du *Figaro*.

Salons, boudoirs, restaurants, cabarets, bistrots, parvis des églises, sacristies, salles des pas perdus, salles de rédaction, cabinets de la présidence du Conseil, buvettes du Sénat et de la Chambre des députés, cabinets de lecture, bibliothèques, aucun lieu n'est indifférent à mon escapade littéraire.

Le baron de Bellevert occupe tous les esprits.

*

Les confidences de « Sir Arnold » (autrement dit Sir Evans), reprises par la plupart des journaux de notre pays mais aussi *Le Soir* (Belgique) et le *Times* (Royaume-Uni), ont jeté un trouble évident dans les milieux royalistes et initiatiques français.

La révélation de l'existence, quelque part sous les falaises d'Étretat, d'une ou plusieurs caches d'or en provenance — pour l'essentiel — d'une ancienne mine d'or du Razès « contrôlée » par la Rose-Croix, avait peu de chance de tomber à plat chez les amis de Papus et de Péladan ainsi que chez les partisans de l'effacement de la Gueuse au profit de l'autel et du Trône .

Cette ancienne mine d'or du Razès, me suis-je empressé de rappeler dans *Le Magazine de l'inconvenant*, avait été exploitée par les Romains et elle devait ressembler comme une sœur à la mine d'or redécouverte, près de Narbonne, dans la baronnie de Règnes, sous le règne de Louis XIII, par la baronne de Bertereau de Beausoleil, minéralogiste distinguée.

Restée inexploitée, malgré les efforts de ladite baronne, dans les parages de Rennes-les-Bains, la mine en question aurait été redécouverte, de manière incidente, en 1645, par un berger nommé Pâris, lequel serait tombé, au fond d'une de ses galeries, sur *des monceaux d'or* et des squelettes. Ayant prélevé quelques fragments d'or pour attester du bien-fondé de sa découverte, le berger Pâris retourna chez lui, entre Rennes-les-Bains et Sougraignes, conter son aventure, mais personne ne le crut. On l'accusa d'avoir volé cet or et on le lapida sans autre forme de procès, d'après la légende.

La légende du berger Pâris et des monceaux d'or a été consignée par Labuisse-Rochefort dans son *Voyage à Rennes-les-Bains*, publié en 1832.

C'est-à-dire deux ans après la fameuse expédition d'Alger.

Alors que la duchesse du Berry posait le pied en Vendée.

Tandis qu'à Londres l'ambassadeur Talleyrand continuait de tracer l'or qui alourdissait les poches des partisans de Charles X, sans probablement omettre au passage — quand on connaît Talleyrand ! — d'alourdir les siennes…

BRUXELLES

ARSENE BRETONIEUX

6.

CHAPITRE 44

Mardi 7 mai

On reprend nos petites séances de somnambulisme magnétique en début d'après-midi.

Florimond Caspel, le jeune stagiaire de *L'Arbalète* qui nous sert de médium, forme avec Lady H un binôme plus que jamais opératif.

– Où es-tu ?

– A Bruges.

Dans une nouvelle demeure. Escaliers monumentaux. Des pièces grandes comme des halls de gare, somptueusement meublées, éclairées par des flambeaux. De longues caves voûtées.

Ce sont les caves qui nous intéressent. Surtout celles dotées de tentures. De stalles. De torches glissées dans des anneaux d'acier.

– Que vois-tu ?

– Un homme… Il me tourne le dos. Il a une cape rouge.

– Que fait-il ?

– Il accède à la dernière cave.

– Il est seul ?

– Non. Une jeune femme l'accompagne…

Nue sous sa longue robe de soie noire, cette jeune femme a une rose rouge tatouée sur son sein droit.

*

Samedi 11 mai

Début de soirée.

– Tu es dans quelle cave ?

– Celle qui recèle un tombeau circulaire en son centre.

– Que vois-tu ?

– L'homme à la cape rouge et sa jeune compagne.

– Que font-ils ?

– Des choses répugnantes.

CHAPITRE 45

Samedi, fin de soirée.

Mêmes caves, même tombeau.

– Que vois-tu ?

– L'homme à la cape rouge. Il me tourne le dos. Il parle à sa compagne restée allongée sur le tombeau après leurs ébats.

– Tu entends ce qu'il dit ?

– Oui. Il dit qu'il s'agit du tombeau de Christian Rosencreutz, fondateur éponyme de la Rose-Croix…

– Mensonge !

Mensonge grossier même.

On sait, grâce à la *Fama Fraternitatis*, que Christian Rosencreutz vient au monde en Allemagne en 1378, de parents nobles, mais pauvres. À l'âge de quatre ans, il est placé dans un couvent. Douze ans plus tard, il accompagne un frère désireux d'aller en pèlerinage au saint sépulcre. Hélas, ce frère meurt lors d'une escale à Chypre. Pour subsister, C.R.C. soigne les malades croisés en chemin. Il se rend ensuite en Arabie où il étudie l'alchimie. Il parfait son Art en Égypte. Puis au Maroc et en Espagne. Avant de rentrer en Allemagne et d'y fonder la Confrérie de la Rose-Croix ou Fameuse Fraternité. Les Frères de la R+C édifient alors une demeure près du Danube, une vaste demeure abritant un « Temple du Saint-Esprit » où les frères se réunissent chaque année. Christian

Rosencreutz meurt à l'âge de 106 ans. En 1484 donc. Il est placé dans un tombeau dissimulé sous un autel circulaire… Tombeau qui sera découvert cent vingt ans plus tard, soit en 1604.

— Le soi-disant tombeau de C.R.C. à Bruges sur lequel fornique l'homme à la cape rouge et sa compagne à la rose relève de la contre-initiation, dis-je. Son message, mensonger, est le suivant : l'Allemagne de 1484 n'était qu'un leurre destiné à égarer les curieux et les malveillants… Le véritable lieu d'inhumation du Père Rosencreutz se trouvait en Belgique. A Bruges. A quelques encablures de la Meuse et non du Danube. Oui, à Bruges. Là où ont été ramenées de croisade quelques gouttes de sang censées être le sang du Christ.

— Et ? s'interroge à haute voix le patron de *L'Arbalète*.

— En formulant un tel mensonge, on efface l'Allemagne de l'échiquier initiatique !…

Moue de Lady H.

— Au profit de la Belgique ?

— Tout à fait. Et c'est dans ce mensonge, cet effacement, cette permutation que réside, selon moi, le danger. Car c'est d'Allemagne, tous les cherchants savent cela, qu'est partie l'aventure R+C… Ce qui veut dire que quelque chose d'abominable se prépare, au moment où nous parlons, sur la terre natale de Christian Rosencreutz…

Je tousse pour m'éclaircir la voix.

— …L'Allemagne est en train de se faire déposséder par les Forces noires de son précieux héritage spirituel. La machine subversive s'est mise en branle. Non seulement on procède à un simulacre de

« transfert » R+C, mais on l'accompagne de manœuvres démoniaques : enlèvements de jeunes filles, viols, égorgements. On « fixe » le volatile… On fixe l'aigle impérial allemand.

— Pour ensuite « spiritualiser » le fixe, grogne Julius.

— Oui. A la manière de Lucifer, hélas.

Hochement de tête de Julius.

— Le pire se prépare en Allemagne… Avant de déferler sur le reste de l'Europe. La guerre occulte s'accompagne de cycles de guerre à ciel ouvert qui retiennent l'attention des masses humaines tout en les maintenant à l'écart de « l'échiquier des dieux », sur lequel se joue le destin des masses… Bref, en langage profane, nous ne sommes pas dans la merde.

PARIS

7.
CHAPITRE 46

Lundi 13 Mai

Dimitri Volodine, le chef typographe du *Clairon de Montmartre*, a actionné ses réseaux et recueilli des éléments intéressants à propos du commissaire Chantrel dont l'existence m'a été signalée par Joris-Karl Huysmans.

– Félix Chantrel appartient au cabinet du ministre de l'Intérieur depuis son retour de Saint-Pétersbourg, patron, où il était censé s'occuper de la sécurité de l'ambassade de France. En fait, il surveillait surtout les groupes de kabbalistes qui gravitaient autour de la Grande Synagogue.

Du coup, je ferme la porte de mon bureau.

– C'est tout ?

Sourire de Volodine.

– Non… J'ai pris la liberté de lui coller aux fesses la semaine dernière à plusieurs reprises. Ce qui m'a permis de découvrir que Chantrel a une excellente informatrice… Une de mes vieilles connaissances. Emma Keller.

– Connaît pas.

– Vaut mieux, patron. C'est une femme dangereuse…

Il soupire.

— … Elle manie le rasoir comme personne et est incontrôlable. Il lui arrive de travailler pour un groupe anarchiste allemand qui a quitté Berlin après une série de vols avec violence. Le groupe Völler. Normalement, les membres de ce groupe ne sous-traitent pas pour des gouvernements. Mais Emma, je vous ai dit, est incontrôlable.

J'ouvre le tiroir supérieur de mon bureau.

— Gnôle, cognac, brandy ?

— Brandy.

J'emplis deux verres. Je remets le flacon en place.

— Autre chose ?

— Oh oui !…

Silence.

— … J'ai suivi Emma Keller hier soir… Elle s'est rendue chez un vieux prêtre, l'abbé Genou, rue Cortot, à Montmartre. Sur le coup de 23 heures. Elle n'est pas restée longtemps. Elle semblait affolée en sortant. Ce qui ne lui ressemble pas.

— Tu t'es donc de nouveau collé à ses basques ?…

Dimitri Volodine vide son verre cul sec.

— Jusqu'à sa planque de la rue des Abbesses. Elle en a trois à Montmartre…

Il me décoche un clin d'œil complice.

— … J'ai fait le pied de grue pendant un petit quart d'heure avant de retourner rue Cortot, patron. J'ai poussé les grilles du jardinet restées entrouvertes. C'est là que je me suis rendu compte que la porte d'entrée de la maison avait été fracturée au niveau du pêne…

Le silence régnait au rez-de-chaussée. En s'éclairant avec son briquet, Dimitri découvrit dans l'escalier un rasoir taché de sang. À l'étage, tout était sens dessus dessous.

Et le cadavre du vieux prêtre gisait au pied d'un lit en fer au matelas éventré, aux draps couverts de sang.

– Mon Dieu ! Et tu penses que c'est Emma Keller qui a fait ça ?

J'emplis de nouveau son verre. Il me remercie d'un claquement de langue.

– Non, patron. C'est une professionnelle, elle n'aurait jamais abandonné son rasoir dans l'escalier. Celui ou celle qui a égorgé l'abbé Genou savait qu'Emma avait rendez-vous avec le vieux prêtre et l'a devancée… Quant au rasoir abandonné dans l'escalier, j'y vois une menace très claire en direction d'Emma Keller. Du genre « tu as été démasquée, ma jolie. La prochaine sur la liste, c'est toi. »

CHAPITRE 47

J'envoie deux rédacteurs traîner rue Cortot.

Le cadavre de l'abbé Genou a été découvert de grand matin par une voisine. Une lève-tôt ayant l'habitude de faire les courses du vieux prêtre et de lui préparer ses repas.

C'est le commissaire Jeunet, de la Sûreté générale, qui est chargé de l'enquête.

Tant mieux.

J'ai de bons contacts avec Jeunet.

*

Au bout de deux jours, j'en sais suffisamment sur la victime de la rue Cortot pour me faire ma propre religion. Royaliste convaincu, l'abbé Genou avait enseigné la théologie au séminaire de Saint-Sulpice jusqu'au milieu des années quatre-vingt. Puis il s'était mis à voyager. Espagne, Italie, Angleterre. Le comte de Paris l'avait reçu, en 1891, en sa résidence de Stowe-House.

Grand voyageur, menant grand train, l'abbé Genou, selon les mauvaises langues, cédait volontiers, entre deux oraisons, aux plaisirs de la chair. Il lui arrivait de recevoir nuitamment des visiteuses qui avaient fière allure et portaient voilette.

Était-il pour autant un agent royaliste récoltant des fonds en Europe afin de pousser la très parisienne Ligue des patriotes à renverser la Gueuse ?

Cette question, j'ai le choix entre la poser directement à mes lecteurs dans les colonnes du *Clairon de Montmartre*, sous la signature de « l'Indiscret », ou la poser de vive voix à l'abbé de Boumol.

J'opte pour la seconde solution.

*

– C'est une thèse intéressante, concède l'abbé de Boumol.

Il me reçoit au lit, place des Vosges, bouillotte sur la tête.

– … Je me suis laissé dire que Déroulède rapatriait des fonds d'Angleterre et de Suisse ces temps-ci…

Il soupire.

– … Admettons qu'une partie de ces fonds ait transité par la rue Cortot, et qu'un proche de Déroulède ayant des problèmes d'argent en ait eu vent, le pauvre Genou a pu faire les frais de cette sordide et abjecte cupidité !

Je fais mine d'être convaincu.

– Intéressant… Et vous avez une petite idée de l'identité de ce proche de Déroulède ?

Une petite idée, oui…

Il rit.

– … Notre cher commandant Brémont ! Je me suis laissé dire qu'il souhaitait s'éloigner durablement de France. Admettons que Brémont ait récupéré une assez grosse somme chez Genou, après avoir échoué à faire main basse sur ce qu'il restait du « dépôt belge » de l'or d'Alger… Pourquoi ne tournerait-il pas provisoirement le dos à ses débiteurs parisiens ? Pourquoi n'irait-il pas fréquenter les cercles de jeux de Londres, la ville natale d'une de ses maîtresses, veuve d'un secrétaire d'ambassade, afin d'essayer de se reconstituer un joli magot ?

CHAPITRE 48

Lundi 20 mai

Je retourne voir Volodine.

– Emma Keller est introuvable à Montmartre depuis sa petite incursion nocturne rue Cortot, m'annonce-t-il. Sa planque près de la gare du Nord est vide.

– Elle panique, tu crois ?

Mon chef typo hausse les épaules.

– Emma n'est pas du genre à paniquer, patron. Soit elle a quitté Paris pour Berlin, soit elle est toujours à Paris.

Mercredi 22 mai

Je rejoins Volodine dans l'allée du parc Montceau où il a cru devoir me fixer rendez-vous. Je ne le reconnais pas tout de suite à cause des lorgnons et de la barbichette dont il s'est affublé.

– Tu me fais quoi, là ?

– J'assure mes arrières, patron. Les gars du groupe Völler m'ont repéré… Ils sont en cheville avec « le Tzar », un tueur russe, un grand malade. Faut que je fasse gaffe.

– Merde ! Et Emma, tu l'as retrouvée ?

– Oui.

– Elle est où ?

Il lisse sa barbichette.

– Aucun intérêt pour vous de connaître l'adresse de sa nouvelle planque, patron. Emma est à l'abri, c'est l'essentiel. Par contre, y a deux, trois petites choses que vous allez être content d'apprendre. Le commissaire Chantrel aussi conspire, enfin, à sa manière... Il appartient à un groupe qui agit dans l'ombre pour faire tomber le gouvernement en essayant de constituer un cartel des gauches... Des gens de l'entourage de Jaurès et de Clemenceau, pour l'essentiel. Ils se réunissent au cabaret du Chat Noir... Ils ne manquent pas d'air, ces mecs-là. Et ils ne manquent pas d'or surtout ! Ils s'affichent chasseurs de trésors et serviteurs de l'obscure diplomatie... C'est dingue, non ?

– Oui.

Il soupire.

– Bon, allez, patron, je vous dis tout. C'est chez Isidore Arkan, l'ancien visiteur du soir de Ferdinand de Lesseps et ami d'Anatole France, qu'Emma se cache pour le moment.

CHALEROI

Juin 1895

ARSENE BRETONIEUX
7.
CHAPITRE 49

Lundi 3 juin

Le commissaire Dejonk nous rejoint sur le coup de midi, rue Léopold, à la Maison Verte, une petit restaurant où l'on sert le meilleur coq au vin des rives de la Sambre.

— Ravi de faire votre connaissance, cher « collègue », me dit-il en me broyant les phalanges. Monsieur Breuchel m'a dit le plus grand bien de votre auguste personne. Je brûlais d'envie de vous rencontrer.

Le gaillard est jovial, chaleureux. Deux bocks plus tard, j'ai l'impression de le connaître depuis toujours.

— Savez-vous, chuchote-t-il, qu'à l'endroit même où vous êtes assis il y a une une « porte » qui ouvre sur une cité alchimique ?...

Je ne sais si je dois rire ou me mordre les lèvres. Dans le doute, je me mords les lèvres.

— Vraiment ?

— Oui, Gottferdom. Le soir où cette cité alchimique a été agrandie, j'y étais... Il y a vingt-cinq ans de cela. Un soir de septembre. À votre place était assis un poète français, Arthur Rimbaud, passionné d'alchimie. Un « voyant ». Il a vu la chose, lui aussi. Des Frères de la Rose-Croix ont transmuté la veine minérale qui traversait la cave de ce que Raimbaud a appelé, dans l'un de ses poèmes, le Cabaret-Vert… Oui, je l'atteste, ils ont transmuté devant mes yeux une queue de dragon écailleux…

Je sens qu'il n'est pas en train de plaisanter.

– … Un incendie a éclaté dont la mémoire locale n'a gardé aucune trace. Des clients ont disparu ce soir-là dans l'incendie, des alchimistes ayant obtenu le « Don de Dieu », des inconnus ayant réalisé l'œuvre au rouge. Ce sont ces Adeptes qui gardent aujourd'hui les portes de la cité alchimique qui va de Mons à Charleroi… Et ils mènent, à l'intérieur de cette cité hors du temps, des activités que j'appellerai, faute de mieux, des activités de maintenance…

Il sourit.

– … Oui, ces Frères de la Rose-Croix maintiennent la Belgique dans un certain équilibre en contre-balançant les activités maléfiques qui sont menées à Bruges.

CHAPITRE 50

Le coq au vin de la Maison verte mérite sa réputation. Les frites, par contre, laissent à désirer.

On vient d'attaquer notre troisième bock quand Dejonk aborde l'épineuse question de la Maison noire de Bruges.

– Un nid de vampires… Sa présence s'explique par la proximité du Saint-Sang ramené de Terre sainte par Thierry d'Alsace, comte de Flandre, au XIIᵉ siècle… Le sang du Christ ne pouvait que les attirer, forcément !

J'écoute la suite avec attention.

Le sang du Christ ne pouvait que les attirer, forcément !

Il existe des Maisons noires, des Maisons du Diable dans les zones telluriques les plus mortifères du globe. Certaines de ces Maisons sont « surpuissantes », on les appelle « les Centrales ». Elles abritent, pour précipiter les populations du globe dans le chaos, des démons ayant pris apparence humaine au sortir des Enfers, dotés d'une fréquence vibratoire ultra-basse, à la limite du supportable.

– On peut saigner du nez rien qu'en s'asseyant en face d'eux dans le tramway, grimace Dejonk.

– Je sais, dit simplement Julius.

Je me contente de reprendre des frites.

– C'est en octobre 1870, poursuit Dejonk, un mois après l'agrandissement de la cité alchimique de Mons-Charleroi, qu'ils ont, comme par hasard, installé leur foutu Temple à Bruges.

– Ils ?

– Les commanditaires du carnage de la rue Turenne… Ceux qui ont fait liquider le brasseur Depoorter, sa femme, leur bonniche et enlevé leur fille Élise. Ceux qui m'ont fait quitter la Sûreté plus tôt que prévu en cherchant à mêler mon frère à une minable affaire de carambouille de viande…

Il lève son bock et le repose sans y avoir porté les lèvres.

– … Ce sont des gens puissants et organisés. Ils ont installé un Temple noir à Bruges pour y conduire leurs maudits rituels placés sous la protection d'une R+C **noire**, d'une R+C parodique, inversée…

On garde le silence.

– … Ces monstres enlèvent des jeunes filles, ils les violent et les égorgent pour hâter la venue de Satan et empêcher la Parousie !

CHAPITRE 51

– Je sais que vous vous intéressez à la Loge Isis de la rue des chapeliers, dit Dejonk en attaquant sa crème brûlée.

Julius ne peut s'empêcher de jeter un regard circulaire.

– … Et vous avez bien raison, ricane l'ancien commissaire de police. J'ai quitté L'Équité et le Grand Orient pour la rejoindre et je ne le regrette pas. C'est une loge qui fait la part belle à l'action sans pour autant négliger la méditation et la réflexion.

– L'action ? fais-je observer.

– Oui.

Dejonk sourit.

– Le noyau dur d'Isis est composé d'anarchistes qui n'ont pas l'habitude de se laisser marcher sur les pieds.

– Il se murmure ici et là, intervient Julius, que ces anars pratiquent la voie du verre, une voie alchimique peu connue.

– Exact.

L'ancien commissaire de police de la Sûreté de Charleroi lèche sa petite cuiller avant de la poser au centre de son assiette.

– C'est la voie des derniers temps, messieurs. La voie qui ouvre les portes des Cieux pour favoriser la descente de la Jérusalem céleste parmi nous. Aussi utilise-t-elle comme *materia prima* les pierres de foudre !…

Il ponctue son annonce d'un clin d'œil appuyé.

– … L'alchimie classique utilise un sulfure d'antimoine ou « dragon écailleux » pour *materia prima*.

Tandis que la voie des derniers temps use de fulgurites, de pierres de foudre, encorc appelées pierres de tonnerre. Des pierres que l'on recueille dans le désert… En Égypte notamment. Et c'est d'Égypte qu'est venu l'ordre de créer la Loge Isis, en 1820.

Silence.

– Pourquoi 1820 ?

Dejonk repousse son assiette à dessert.

– D'après la *Fama Fraternitatis*, c'est en 1604, en Allemagne, qu'a été découvert le tombeau de Christian Rosencreutz, fondateur de la Rose-Croix. Et la R+C, selon la Tradition, connaît des phases d'activité et de sommeil de 108 ans… Entrée en sommeil en 1712, la Rose-Croix est redevenue active en 1820.

Je regarde Julius se gratter le front.

– Ce qui sous-entend la découverte et l'ouverture d'un tombeau… En Allemagne.

Dejonk secoue la tête.

– La découverte et l'ouverture du tombeau allemand a eu lieu en 1604, cent vingt ans après la mort de Rosencreutz. Et si l'on ajoute 108 ans à 1604, on obtient 1712. Or c'est à Bruxelles, selon les milieux occultistes belges, qu'un tombeau R+C a été découvert et ouvert en 1712, messieurs… Oui, à Bruxelles.

À mon tour de prendre la parole après un rapide calcul mental.

– Ce qui veut dire, conformément à la loi des 108 ans, qu'un autre tombeau a été découvert et ouvert en 1820…

Approbation de Dejonk.

– Exact. Le tombeau du frère G.V, compagnon historique de Rosencreutz… Mort et enterré à Bruges.

ÉTRETAT

&

PARIS

ENGUERRAND DE MORTAGNE
8.
CHAPITRE 52

Mardi 4 juin

J'offre à la comtesse Irène de Volange une petite escapade amoureuse à Étretat.

Nous descendons à l'hôtel Blanquet.

Nos bagages à peine défaits, nous allons nous recueillir un long moment dans l'église, pure merveille de roman et de gothique alternés.

Nous nous attardons ensuite parmi les ruines du donjon. Cédant à mon insistance, la comtesse consent à se laisser happer par la bouche d'ombre qui s'ouvre sur notre droite, au milieu des taillis.

Nous parcourons une dizaine de mètres dans l'obscurité la plus totale avant de rebrousser chemin. Trop dangereux. On risque une entorse à chaque mètre parcouru.

Lors de ma première incursion, pour le compte du *Magazine de l'inconvenant*, dans ce tunnel long de quatre cent mètres, j'avais pris soin de me munir d'un fanal. J'avais découvert des salles et des chausse-trapes avant de voir grandir un point lumineux et d'ouïr le fracas lancinant de la mer d'émeraude qui fit tant rêver Maupassant.

– C'est donc par ce tunnel que votre baron de Bellevert acheminait l'or venu du Razès ? s'enquiert Irène.

— Pas nécessairement, dis-je. Les falaises d'Étretat regorgent de galeries creusées du temps de Jules César. On a l'embarras du choix. Par contre, l'or du Razès, venu par voie terrestre et par voie maritime, sous le contrôle de la Rose-Croix, avant et pendant le règne de Louis XVI, a de grandes chances d'avoir été entreposé, comme l'or des Templiers venu du Pérou, dans des salles semblables à celles que j'ai pu découvrir en empruntant ce souterrain dans le cadre de mon reportage. Les falaises d'Amont et d'Aval masquent plusieurs niveaux de labyrinthes… Elles recouvrent un gigantesque gruyère de silex et de craie.

*

Le soir, nous dînons aux chandelles face à la mer.

— Je pense que le moment est venu de te faire certaines confidences, Enguerrand.

— Vraiment ?

La femme dont je suis tombé amoureux pousse un profond soupir.

— Lorsque nous nous sommes rencontrés à Reine-Les-Bains, j'étais là pour profiter des eaux, certes, mais pas seulement… J'exerçais une mission de surveillance…

Elle sourit.

— … Je surveillais des gens qui cherchaient un tombeau renfermant de l'or et des pierres précieuses.

Je fais la moue.

— Tu es une sorte de… de baronne de Bellevert ?

Elle hoche la tête.

– Tu ne crois pas si bien dire… Je suis née baronne de Brageot, tu sais cela, n'est-ce pas ?

– Oui.

– Mais de Brageot, c'est pour aller vite (elle éclate de rire). Mon nom complet, c'est de Brageot de Valmont.

CHAPITRE 53

J'ai croisé le nom de Valmont aux archives de la Seine.

Un certain baron de Valmont était soupçonné par la Convention d'avoir protégé la fuite du baron de Bellevert, d'avoir caché l'intéressé dans le donjon de son château, à quatre lieues de Fécamp, avant de l'aider à cingler vers l'Angleterre.

– C'était mon grand-père paternel, Enguerrand…

J'écoute la suite sans broncher.

Le baron de Bellevert et son protecteur, le baron de Brégeot de Valmont, étaient au service des « moines rouges ». Un cénacle placé sous la protection de la Vierge Marie, composé de moines appartenant aux *7 primordiales*, les sept abbayes normandes placées sous la protection de la Grande Ourse, c'est-à-dire Fécamp, Saint-Wandrille, Montivilliers, Cruchet-le-Valasse, Jumièges, Saint-Georges-de-Boscherville et Valmont.

– Pourquoi les « moines rouges » ?

– Parce qu'ils avaient voyagé en Terre sainte et emprunté, au nom de la Rose-Croix, une voie alchimique peu connue, la voie du verre, appelée aussi la « **voie rouge** », d'inspiration séraphique…

Une question me brûle la langue. Je la pose.

– Ton grand-père était alchimiste ?

– Oui… Et tout comme le baron de Bellevert, il appartenait à une branche du tiers-ordre rosicrucien sévissant au Havre, à Étretat et à Fécamp. Chassés des *7 primordiales* lors de la Révolution, les moines normands se réfugièrent en Angleterre. Et les réserves d'or dont ils avaient la garde furent acheminées à Salisbury sous la supervision de mon aïeul et du baron de Bellevert. Avant d'être rapatriées à Étretat sous Napoléon III…

Elle me prend la main.

– … Par contre, les réserves d'or dissimulées dans le Razès restèrent sur place pendant la Révolution.

J'observe un court silence. Avant de demander :

– Tu appartiens, toi aussi, au tiers-ordre rosicrucien ?

– Je n'ai aucun mérite. Cette appartenance figurait dans ma corbeille de mariage. Le comte de Volange, mon défunt époux, dirigeait la branche parisienne du tiers-ordre…

Elle se racle la gorge.

– … C'était un ami de Camille Flammarion. Il était convaincu, comme ce dernier, que nous ne sommes pas seuls dans l'univers, qu'il existe des voyageurs de l'espace, des gens venus de galaxies lointaines, qui franchissent des distances inouïes pour venir nous observer… Mais il existerait aussi, hélas, des êtres venus de l'espace pour nous précipiter dans le chaos, ils auraient creusé des « stations » à des milliers de mètres de profondeur, dont une en Belgique et une autre dans le Razès. Ceci dit, mon défunt époux était surtout un chasseur de trésors forcené. Il avait découvert, peu avant sa mort, ce que le père du Sâr Péladan rêvait de découvrir… Dans les environs de Narbonne.

Elle plisse le front sans lâcher ni ma main ni mon regard. Je crois comprendre.

– Un tombeau ?

Elle sourit.

– Le tombeau du Frère A., compagnon de la première heure du Père Rosencreutz. Mort en Gaule narbonnaise, d'après la *Fama Fraternitatis*… Le premier compagnon à mourir ayant été le Frère I.O., en Angleterre.

Je me mordille les lèvres tandis qu'elle accentue la pression de sa main. Je demande :

– Tu étais présente lors de la découverte du tombeau du Frère A. ?

– Non. Mais mon défunt mari, oui…

Elle lâche ma main.

– … Dans la nuit du 21 au 22 septembre 1891. Trois mois avant sa mort.

CHAPITRE 54

De retour à Paris, je n'ai guère le temps de défaire mes malles. Une mauvaise surprise m'attend dans les locaux du *Clairon de Montmartre*.

Dimitri a été retrouvé à l'aube, au pied d'une rotative à bobine, baignant dans son sang. Agressé devant le siège du journal, il est parvenu à se traîner jusqu'à la salle Marinoni, notre salle d'impression en continu. Il doit d'être encore en vie grâce à la fille du concierge, infirmière à la Pitié-Salpêtrière, qui a pu lui prodiguer les premiers soins, ralentir l'hémorragie pendant que son père hélait un fiacre.

– Il est où, Dimitri ?

– À la Pitié, patron. Il a été opéré sitôt arrivé. Deux coups de couteau en plein ventre, vous pensez ! Et la lame est passée à quelques millimètres de l'artère fémorale.

*

Je cours à l'hôpital pour m'entendre dire par le chirurgien qui l'a opéré que mon chef typo va s'en sortir. Aucun organe essentiel n'a été touché. Il a juste perdu beaucoup de sang.

– Le sieur Volodine continuera à vous aider à faire chier le bourgeois dès que je signerai son bon de sortie !..

Petite tape dans le dos.

— Je me suis abonné au *Clairon* en seconde année d'internat, monsieur de Mortagne ! Et je n'ai jamais interrompu mon abonnement…

Nouvelle petite tape.

– … Par contre, je n'ai pas pu taire à la police l'admission de monsieur Volodine en chirurgie, désolé… Les emmerdes, pour lui et pour vous, ne font peut-être que commencer. Mais vous avez l'habitude, je suppose, d'envoyer balader les chaussures à clous !… Surtout, ne changez rien à la partition entamée du temps de votre père, monsieur de Mortagne…

Petit rire.

– … Veillez à ce que votre *Clairon* reste mal embouché !

BELGIQUE

8.

CHAPITRE 55

Mercredi 12 juin

Basse-Sambre, entre Charleroi et Namur.

La péniche est amarrée entre les hautes herbes. Un rouquin taillé comme un lutteur de foire nous attend sur le chemin de halage. On a droit aux palpations de sécurité au sortir du fiacre, avant d'être accueillis par Emma Keller, la jeune et jolie blonde qui a négocié la rencontre auprès de Julius Breuchel.

— Il vous attend en bas…

Dans une cabine en réfection, fraîchement repeinte. On doit descendre un escalier abrupt, enjamber des pots de peinture vides, des bâches, des cartons avant d'arriver jusqu'à lui.

— Isidore Arkan, pour vous servir.

Costume gris perle bien coupé. Lavallière. Longs cheveux blancs. Barbe courte. Poignée de main énergique.

— Merci d'être venus, messieurs. Je sais l'importance que vous accordez aux activités de la Loge Isis. Aussi m'a-t-il semblé naturel de vous proposer cette rencontre. Hier j'étais à Bruges, demain je serai au Havre…

Nous prenons place sur les sièges qu'il nous désigne.

– … Le temps nous étant précieux, entrons, si vous le voulez bien, dans le vif du sujet. L'homme qui vous a rendu une petite visite impromptue à la pension Vermersh, monsieur Bretonieux, est le colonel Clissoire, un homme bien. Il a pris la succession du commandant Brémont, au ministère de la Guerre. Il s'efforce de réparer les dégâts que Brémont a commis avant de se réfugier à Londres…

CHAPITRE 56

– Brémont était cul et chemise avec Victor Vandermeulen, conseiller spécial du roi Léopold II, poursuit Arkan. Spécialiste des coups tordus, Vandermeulen était depuis de longues années à la recherche des restes du butin d'Alger… Il agissait pour le compte du roi Léopold, souverain cupide s'il en est, dont Talleyrand avait été proche au moment de la partition de la Belgique.

« Léopold savait, par sa police secrète, que Talleyrand était parvenu, lorsqu'il occupait le poste d'ambassadeur à Londres, à récupérer une partie du trésor du dey d'Alger, dérobé en 1830…

« Celui qu'on surnommait « le diable boiteux » avait besoin de fonds secrets pour entretenir son armée de mouchards. Talleyrand faisait, à sa manière, dans la « récupération ». Il disposait de caches bourrées de lingots d'or en Belgique et en Suisse…

Il soupire.

– … Désolé pour ce petit cours d'histoire diplomatique parallèle. Mais pour en revenir à Brémont, il comptait s'emparer de ce que j'appellerai, faute de mieux, une partie du « dépôt Talleyrand » appelée à transiter dans les locaux d'une ancienne savonnerie parisienne sous la forme d'un coffre bourré d'or et de pierreries, remonté un mois plus tôt des profondeurs d'une grotte des Ardennes avant d'être convoyé à Paris.

« Après avoir liquidé Vandermeulen, Brémont s'est fait rouler dans la farine à son tour. Le coffre bourré d'or et de pierreries lui est passé sous le nez, il a quitté l'ancienne savonnerie pour prendre le chemin de Narbonne…

Il sourit.

– … En liquidant d'une balle en plein cœur Vandermeulen dans sa planque parisienne, impasse Robiquet, puis en l'achevant d'une balle dans la nuque, Brémont s'est certes débarrassé d'un type qui connaissait ses plus vilains secrets, mais il s'est surtout exposé à la vengeance du roi Léopold II, souverain rancunier s'il en est !…

« Je me suis laissé dire qu'un « contrat » a été placé sur la tête de Brémont et qu'un certain « Tzar » s'est d'ores et déjà mis en piste pour l'honorer… Brémont a du souci à se faire.

CHAPITRE 57

De retour à Bruxelles, on fait le point.

Dans les locaux de *L'Arbalète*. Avec Lady H. qu'on a prise à son hôtel en passant.

— Le Temple noir de Bruges abritant un tombeau circulaire a brûlé la nuit dernière, rappelle Julius en dessinant vite fait, à la craie, trois petites flammes rouges sur le tableau noir de la salle de rédaction. On doit ça aux « Lupin » de la Loge Isis…

Froncement de sourcils de Lady H tandis que je m'efforce de demeurer impavide .

— On appelle Lupin les mangeurs d'herbe à loup, explique Julius. Des anarchistes passionnés d'alchimie, mais aussi d'armes à feu, de couteau, de boxe, de savate. Des gros bras, quoi. Ils n'hésitent pas à mener des actions punitives quand la situation le nécessite…

« Et hier soir, à Bruges, la situation le nécessitait.

« L'homme à la cape rouge » et « la femme à la rose » s'apprêtaient à procéder à de nouveaux sacrifices humains. En hommage à Satan, ils projetaient d'égorger trois jeunes filles qu'ils avaient fait enlever le mois dernier à Namur…

Julius trace six croix blanches sur le tableau et les raye d'un trait rageur.

– Les Lupin ont délivré les trois jeunes filles promises à la mort, mais ils se sont fait tirer dessus durant leur intervention. Au cours de la riposte, « l'homme à la cape rouge » et « la femme à la rose » ont été abattus. Dommage pour l'enquête. Mais on n'a pas le temps de s'apitoyer sur leur sort… Les Lupin comptent deux blessés légers dans leurs rangs. Avant de se retirer, ils ont pris soin de mettre le feu à cette demeure maudite pour la rendre inutilisable…

On garde le silence. Julius pose sa craie.

– … Six cadavres ont été exhumés ce matin, par les policiers, dans le jardin de la demeure maudite de Bruges, reprend-il, le dos tourné. Parmi les restes humains convoyés à la morgue pour autopsie figureraient ceux de la petite Élise Depoorter, à en juger par un bracelet gravé à son nom enserrant un radius et des lambeaux de chair putréfiés. On était sans nouvelles d'elle depuis son enlèvement, l'année dernière, à Charleroi, après le massacre de ses parents, rue Turenne… Son père, un riche brasseur, était en cheville avec Vandermeulen. Il organisait, à la demande de ce dernier, des parties fines pour compromettre des notables et les faire chanter. Il en savait trop. Sa liquidation était inéluctable. Ils l'ont liquidé, mais de manière sordide, ils l'ont décapité…

Le patron de *L'Arbalète* vient de se retourner. Il ne lâche pas Lady H. des yeux. Les joues de cette dernière finissent par s'empourprer.

– Je vous ai menti, chuchote-t-elle. Ma nièce Camille et la petite Julie Capelle sont saines et sauves. Je devais garder le silence, car…

Clin d'œil de Julius.

– Inutile de vous excuser, dit-il, on sait. Elles sont à l'abri dans une ferme normande, sous la garde d'amis d'Isidore Arkan, en attendant de pouvoir rentrer à Mesvin… Arkan nous a tout dit.

FRANCE

9.
CHAPITRE 58

Jeudi 5 septembre, 20 heures

Je dîne au Café Anglais. Avec Lord Bronwater et Isidore Arkan en tenue de soirée.

— Dimitri Volodine a quitté Paris ce matin, dis-je.

— Je sais, sourit Arkan. Il s'apprête à passer sa convalescence à Rennes-les-Bains… Il s'est réconcilié avec son ex-« fiancée » Emma Keller. Elle est du voyage, elle aussi. Je les ai conduits tous deux à la gare de Lyon.

Je cesse de jouer avec ma fourchette.

— C'est quoi l'embrouille ?

— Il n'y a pas d'embrouille, tempère Arkan. Volodine travaille pour le **centre** du Chat Noir depuis qu'il a quitté la Russie, monsieur de Mortagne. Il a l'habitude de remplir des missions délicates au nom de l'obscure diplomatie. Et la tâche qui l'attend dans le Razès est plus que délicate : empêcher les réserves d'or R+C, dissimulées en Gaule narbonnaise, de tomber aux mains de Léopold II qui souhaiterait utiliser une partie de cette « manne » pour assurer l'avenir de sa jeune maîtresse française ! Étant attendu qu'avec Léopold II, on est priés de s'attendre à tout… Surtout au pire.

*

22 heures

J'accompagne Isidore Arkan à Montmartre.

Le cabaret du Chat Noir est bondé. Tabagie oblige, on se croirait en bordure de Tamise un soir nimbé de fog.

Après avoir feint de nous ignorer, le peintre Henri de Toulouse-Lautrec s'invite à notre table. Il se laisse choir sur les genoux d'Aristide Bruant, il s'empare de son verre d'absinthe et le vide d'un trait.

– Mince, j'aurais pas dû ? Désolé… Au fait, vous parliez de quoi ?

– Des ravages de l'alcoolisme, grogne Bruant.

– De la jeune maîtresse de Léopold II, grimace Arkan. Elle a seize ans et demi. Elle est de nationalité française et originaire de Saint-Jean-Cap-Ferrat. Elle vit chez ses parents à Narbonne… Le roi des Belges vient d'acquérir dans cette ville un hôtel particulier pour abriter ses amours interdits.

– Si vous voulez mon avis, ricane Toulouse-Lautrec en agitant son index droit, le roi des Belges file du mauvais coton et si j'étais à sa place, je m'empresserais de…

– Ferme-là Riton, vicomte de mes deux, l'interrompt Bruant. Conseil d'ami… Y a deux choses qu'on doit savoir éviter si on veut faire de vieux os quand on a comme toi des quartiers d'noblesse : fourrez son nez dans les secrets d'État et attraper la vérole en tendant son cul au bas clergé !

– J'adore les poètes, ils m'aident à étancher ma soif d'absolu, glousse Toulouse-Lautrec en s'emparant de mon verre pour le vider cul sec.

CHAPITRE 59

Mardi 10 septembre 1895

Le pied à peine posé sur le sol du Razès, j'entame ma prise de notes pour le compte du *Magazine de l'inconvenant.*

Dans le silence de ma chambre d'hôtel, je laisse courir ma plume en la plaçant sous le parrainage de la Confrérie de la Rose-Croix.

Sachant que le fondateur de ladite confrérie, Christian Rosencreutz, est né en 1378 et qu'il a recruté ses premiers disciples à l'âge de trente-cinq ans, je n'ai aucun mal à en déduire que Rosencreutz a recruté le frère D. (auquel succédera le frère A.) en 1413 ou après.

Le fondateur de la Rose-Croix a sans doute envoyé A., sur recommandation de D. (compagnon historique de C.R.C. en charge du volet diplomatique de la Confrérie), en mission en Gaule narbonnaise sous le règne de Charles VI le Fou, qui passait pour s'intéresser à l'alchimie comme son père Charles V s'y était intéressé avant lui. Ou sous le règne de Louis XI, ami de Jacques Cœur, passionné d'alchimie lui aussi, grand exploitant de mines d'argent et de mines d'or. (Cœur faisait venir ses géomètres, mineurs, boiseurs, fondeurs d'Allemagne.)

Comme je suis maître de mon temps narratif, je saute deux siècles en deux phrases pour mieux me rabattre sur Guillaume Catel, conseiller au parlement de Toulouse, lequel écrivait peu avant l'arrivée du prélat

Nicolas Pavillon à Alet : « Près des bains de Règnes, vers le pays de Razès, au diocèse d'Alet, il y a des mines d'or et d'argent et voit-on encore aujourd'hui de grandes ouvertures et carrières d'où les anciens en ont tiré… »

*

Louis XVI a été le dernier roi de France à profiter de la manne du Razès, selon Sir Evans.

Extrait clandestinement (ce qui sous-entend le recours à une main-d'œuvre qualifiée, bien encadrée et d'une grande discrétion) des profondeurs d'une mine romaine abandonnée (mais dont le filon était encore exploitable), l'or des R+C français était fondu, raffiné et calibré quelque part en ancienne Gaule narbonnaise.

Une partie de cet or était ensuite acheminée en Normandie et stockée à Étretat.

J'opte pour l'acheminement Narbonne-Bayonne par convoi terrestre, à l'aide de chariot(s) bâché(s).

Et Bayonne-Étretat par voie maritime, via les sloops « La Syrène » et « La Cauchoise » au temps du baron de Bellevert.

À partir d'Étretat, Bellevert se chargeait des livraisons à Versailles.

Mais avant Bellevert et Louis XVI ?…

Sous Louis XV, sous Louis XIV, sous Louis XIII (dont le ministre Mazarin avait chargé le bibliothécaire Guillaume Naudé d'enquêter sur la Rose-Croix), sous Henri IV (missionné par les R+C selon le Sâr Péladan) qui s'en chargeait ?

Je jette des noms en pâture, je prie le lecteur de se forger sa propre opinion en procédant à ses propres investigations.

En fin d'article, je choisis de m'attarder sur Nicolas Pavillon, évêque d'Alet. Ancien bras droit de saint Vincent de Paul dit « monsieur Vincent », entré au service d'un alchimiste après avoir été enlevé, en 1605 (un an après l'émergence exotérique de la Rose-Croix), par des pirates barbaresques.

Familier de Versailles, Nicolas Pavillon avait le profil idéal du « fondé de pouvoir » d'un banquier R+C, gardien en chef du « secret des rois de France » sous Louis XIV, ayant recours à des prêtres pour surveiller les travaux des mineurs, des fondeurs, des convoyeurs clandestins chargés de « faire tourner la boutique » entre Alet et Étretat.

*

Il y a eu un hier, il y a un aujourd'hui, forcément.

Avec des prêtres… encore. Et des histoires de trésor, nécessairement.

Des histoires de trésor, qui circulent dans les chaumières et les presbytères du Razès, se transmettent à la veillée, servent à endormir les ouailles, les enfants. Et à faire rêver… À la manière des monceaux d'or du berger Pâris.

C'est dans cette direction qu'il me faut creuser si je veux continuer de faire rêver les lecteurs du *Magazine de l'inconvenant*, et, accessoirement, d'aider mon frère Eustache à élargir son lectorat et redresser sa trésorerie.

CHAPITRE 60

Je creuse et je tombe sur Rennes-le-Château.
Et son curé.

Je n'ai aucun mérite. Rennes-le-Château est à neuf kilomètres et demi de Rennes-les-Bains. Les trois derniers kilomètres, on les franchit en empruntant un chemin en lacets. Avant d'entrer dans un village de trois cents âmes regroupé autour d'une église du XIe siècle en pleins travaux.

C'est là que le bât blesse…

L'église, les travaux.

Ils coûtent une fortune. Et c'est le curé du coin, censé être pauvre comme Job, qui les finance. L'abbé Saunière. Passé par Alet, lui aussi.

La nuit, avec sa jeune servante, Saunière fouille des tombes dans le cimetière et les mutile. À commencer par la tombe de la veuve du marquis François d'Hautpoul, seigneur de Rennes-le-Château. Ce qui va amener les villageois à se plaindre auprès des autorités ecclésiastiques et préfectorales. C'est du moins ce que j'apprends de la bouche d'un jeune agriculteur rentrant des champs.

– On a un curé qui pactise avec le Diable, pour sûr ! dit-il en se signant. C'est pour ça qu'il a trouvé l'or… L'or maudit qui lui a permis de restaurer le presbytère… Il était caché dans l'une des tombes qu'il a mutilées, pour sûr ! Mais l'évêque s'en fout… Peut-être qu'il a eu sa part, l'évêque…

*

Au bout d'une semaine, j'estime être en mesure de livrer à mon frère Eustache une copie acceptable.

Je prends soin de retenir ma plume afin de ne pas trop compliquer la tâche de la baronne de Valmont et de ses obligés. Je fais l'impasse sur Rennes-le-Château, je me fais fort d'y revenir lorsque les circonstances me le permettront.

Je m'attarde, par défaut, sur la rumeur qui voudrait que sous les ruines de l'Abbaye bénédictine d'Alet repose le trésor d'une société secrète catholique, la compagnie du Saint-Sacrement, fondée en 1630 par le duc de Ventadour, pair de France, lieutenant du roi en Languedoc. Un trésor enterré là peu avant la mort de Nicolas Pavillon, son dernier trésorier. Pour donner aux lecteurs du *Magazine* une idée de l'importance dudit trésor, je rappelle qu'il existait un coffret spécial lors des réunions de la Compagnie dans lequel les participants déposaient des aumônes, lesquelles atteignaient parfois 50 000 écus.

J'en fais aussi des tonnes sur le trésor architectural que constituent les absides rayonnantes et gothiques encore debout de Notre-Dame d'Alet ainsi que son chœur roman.

— C'est plus prudent, en effet, patron, m'approuve Volodine lorsque je le mets dans la confidence.

Mon chef typo fait une moue gourmande comme s'il savourait par anticipation l'assemblage des caractères en plomb qui serviront à imprimer ma prose.

   – ... D'autant que l'abbé Saunière, le curé de Rennes-le-Château, est plus impliqué qu'il n'y paraît.

   – Ah oui ?

   – Je me suis introduit dans son presbytère la semaine dernière, pendant la nuit, patron. Il roupillait dans le lit de la jeune Marie, sa servante. Tous deux ronflaient comme des jeunes mariés. En fouillant un tiroir, je suis tombé sur le journal intime de Saunière. Deux phrases très courtes, à la date du 29 septembre 1891, m'ont alerté : « *Découverte d'un tombeau. Le soir, pluie.* » Impossible de passer à coté, une petite branche de buis servait de marque-page... J'ai feuilleté le reste, mais il était sans intérêt. Le seul truc qui permet de comprendre ses fouilles nocturnes avec sa servante, dans le cimetière jouxtant son presbytère, c'est ça... « *Découverte d'un tombeau.* »

   Je tends mon paquet de cigarettes à Volodine.

   – Merci.

   Il se sert. J'actionne mon briquet amadou. J'écoute la suite avec attention.

   – Le hasard sait se montrer facétieux, patron. Figurez-vous qu'une semaine plus tôt, j'étais avec Isidore Arkan, du côté de Narbonne. On procédait à l'ouverture d'un tombeau, nous aussi... Un tombeau que l'on cherchait depuis des années. Mais on n'était pas les seuls !

CHAPITRE 61

Le tombeau que le vieil époux de la baronne de Valmont, mais aussi Dimitri Volodine, Isidore Arkan et une poignée de « Lupin » cherchaient depuis des années, entre Narbonne et Alet, reposait au centre d'une petite crypte néo-romane, dotée de cinq piliers.

Il s'agissait du tombeau du Frère A., responsable, cinq siècles plus tôt, de l'implantation R+C en Gaule narbonnaise.

Celui-là même qui, en plein royaume de France, s'était attaché à rendre on ne peut plus concrètes l'action diplomatique, l'action éducative et l'action financière théorisées par le fondateur de la Confrérie de la Rose-Croix et le frère D., mentor du frère A.

*

De l'or et des pierres précieuses, contenus dans des vases, furent découverts, la nuit du 21 au 22 juin 1891, par Arkan et ses frères du **centre** du Chat Noir.

Lesdits vases étaient disposés près du cercueil plombé de A., successeur de D.

Nos « inventeurs » les laissèrent en l'état. Seuls des parchemins glissés dans deux rouleaux de cuivre furent prélevés et ramenés à Paris par Arkan afin, une fois décryptés, de servir de feuille de route, dans l'antique cité d'Isis, au nouveau cycle d'activités que le tiers-ordre de la Rose-Croix s'apprêtait à ouvrir en terre de France dans le cadre de la préparation de la Parousie, laquelle serait précédée par la geste du Grand Monarque.

– Étant attendu, sourit Volodine, que le tiers-ordre est une sorte de bras armé et de paravent de la Rose-Croix. En disant cela, j'ai conscience d'utiliser une expression maladroite, imparfaite. La mission de la Rose-Croix qui intriguait tant les cardinaux Richelieu et Mazarin est de l'ordre de l'incommunicable. Aucun mot ne saurait la définir vraiment. C'est une sorte de joyau pas tout à fait terrestre... Tout ce que l'on peut dire, c'est que la Confrérie, telle qu'elle a été décrite au début du dix-septième siècle par la *Fama* et la *Confessio,* ne constitue, pour utiliser une image là encore imparfaite, que l'une des facettes de « **l'émeraude R+C** ». Elle a intégré l'analyse politique et l'approche diplomatique dans son rayonnement. La Confrérie utilise des moyens à la fois profanes et initiatiques pour lutter contre les Forces noires tout en prenant soin, ponctuellement, de déléguer certaines des prérogatives de son noyau initial à des « cherchants », des hommes de bonne volonté comme vous et moi...

Je me contente de manifester mon approbation par un petit hochement de tête.

– ... Durant la période où l'on cherchait, puis découvrait le tombeau du Frère A., poursuit Volodine, des curés du Razès s'étaient lancés, eux aussi, à la recherche d'un tombeau. Étaient-ils entrés auparavant en possession de documents ? Avaient-ils recueilli, de la bouche d'une de leurs ouailles, des indices relevant du secret de la confession ?... Toujours est-il qu'ils cherchaient un tombeau, un de plus !... Ils étaient quatre. L'abbé Saunière, qui a attiré votre attention, patron, l'abbé Gélis, curé de Coustaussa, l'abbé Boudet, de Rennes-les-Bains et l'abbé Courtauly, de Villarzel-du-Razès. Tous quatre royalistes et chasseurs de trésors… Et si l'on en croit le journal intime de Saumière, le tombeau qu'ils cherchaient, ils l'ont découvert le 29 septembre 1891…

CHAPITRE 62

Pour Dimitri Volodine, nos quatre curés du Razès étaient tombés, en soulevant une pierre tombale, sur l'une des caches où reposaient, depuis plus d'un demi-siècle, l'or et les pierreries, en provenance d'Alger, détournés par le marquis Alphonse Henri d'Hautpoul, ancien ministre de la Guerre, ancien gouverneur général d'Algérie, mais surtout député de l'Aude.

Membre éminent de l'expédition d'Alger, d'Hautpoul avait, en juillet 1830, aidé le généralissime de Bourmont et sa garde rapprochée à faire main basse sur le trésor du dey.

Officiellement pour l'expédier au roi Charles X.

Mais au moment où l'on chargeait le trésor du dey sur les navires royaux, Charles X était chassé du trône. La donne venait de changer. De Bourmont et ses amis banquiers, fournisseurs aux armées, soucieux d'assurer leurs arrières sans insulter l'avenir, tinrent compte des pépins pour mieux éplucher et couper la poire royale en tranches. Ils mirent de côté plusieurs de ces tranches, au nom de l'adage voulant que charité bien ordonnée commence par soi-même.

— Le général marquis d'Hautpoul, précise Volodine, ramena sa part d'or et de joyaux dans les cales d'un navire, affrété par la Maison Seillière de Marseille. Navire appelé à transiter par Gênes avant qu'une partie de sa cargaison ne soit déchargée à Narbonne. Il entreprit ensuite de répartir cet or et ces joyaux dans plusieurs caches du Razès, son fief électoral. À mon avis, trente ans après la mort de notre général marquis, l'abbé Saunière a fini par découvrir l'une de ces caches…

« Je penche pour la tombe de la marquise d'Hautpoul, née Marie de Nègre d'Ables, morte sans descendance, inhumée dans le cimetière de Rennes-le-Château, une cache parfaite. Mais je mets aussi une option sur la crypte abritant les tombeaux des premiers seigneurs de Rennes qui existerait sous le chœur de l'église…

Volodine tire sur sa cigarette avec une moue satisfaite.

– … Quoi qu'il en soit, Saunière et ses confrères semblent avoir la Baraka ! Outre leur bonne pioche à Rennes-le-Château, ils ont pillé, ces derniers mois, des tombes du côté de Carcassonne et ramené de leurs expéditions nocturnes, d'après plusieurs témoignages que j'ai pu recueillir, puis recouper, **des bijoux wisigoths**…

Il avale une longue goulée de fumée, la restitue par la bouche et les narines.

– … Le plus rusé, selon moi, donc le plus dangereux, ce n'est pas Saunière, c'est l'abbé Gélis, de Coustaussa. En m'introduisant de nuit dans son bureau, j'ai découvert qu'il correspondait avec l'abbé Genou, assassiné à Montmartre, rue Cortot. J'ai découvert aussi que pour écouler des fibules et des parures wisigothes sur Paris et Bruxelles, Gélis s'était acoquiné avec « le Tzar », mon agresseur, l'homme des basses besognes de l'ambassade de Russie à Paris, passé au service de Léopold II. « Le Tzar », comme vous le savez, assure présentement la sécurité de la jeune maîtresse du roi des Belges, qu'il fait passer pour sa nièce…

Il soupire.

– … Pas plus tard qu'avant-hier, patron, j'ai eu écho d'une violente dispute ayant éclaté entre l'abbé Gélis et « le Tzar » au sujet d'un lot de bijoux wisigoths que le curé de Coustaussa s'est arrangé pour écouler en Espagne dans le dos du Russe… Ce qui fait qu'à moyen ou long terme, je ne donne pas cher de la peau de Gélis !…

RENNES-LES-BAINS

PARIS

1897-1898

ENGUERRAND DE MORTAGNE

9.

CHAPITRE 63

1er novembre 1897

Nous sommes à la veille de notre départ pour Venise.

Le groom du petit hôtel de Rennes-les-Bains où je suis descendu avec ma jeune épouse Irène, née baronne de Brageot de Valmont, nous rapporte la nouvelle qui vient de plonger la population de Coustaussa dans l'effroi.

Avec une journée d'avance sur *Le Courrier de l'Aude* qui s'en fera l'écho en ces termes :

« Couchée dans une mare de sang dont sa soutane est largement souillée, la victime a les mains ramenées sur sa poitrine et l'une de ses jambes repliée est ramenée au-dedans. L'abbé Gélis, frappé par son meurtrier avec **une violence et un acharnement inouïs**, ne porte pas moins de quatorze blessures horribles à la tête, un peu au-dessus de la nuque. En plusieurs endroits, **le crâne est fracturé et le cerveau mis à nu**. Trois blessures de moindre importance s'étalent sur la face même du cadavre. Les cloisons et le plafond de la cuisine sont souillés de larges taches de sang. Tandis que quelques blessures paraissent avoir été faites à l'aide d'un instrument contondant, certaines autres paraissent l'avoir été avec un instrument tranchant. La victime, tout le laisse supposer, n'a pas succombé sans opposer une résistance désespérée.

« Une somme de 500 F a été trouvée intacte, cependant les tiroirs étaient ouverts et on avait fouillé tous les meubles. Pourquoi ? Si ce n'est pas pour voler de l'argent, des actions ou des valeurs quelconques, l'assassin, qui a si minutieusement fureté partout, n'avait-il pas, par hasard, à faire disparaître un papier ? C'est une simple supposition. Il y a quelques années, **des hommes masqués avaient pénétré dans le presbytère.** On n'a jamais connu les auteurs de cette effraction. Le plus grand mystère continue à régner sur cet horrible drame. Aucun témoin, aucun soupçon, aucune piste à suivre. Dieu seul connaît le coupable. »

Dieu seul ?

En terre du Razès plus qu'ailleurs, il faut savoir compter avec le Diable.

CHAPITRE 64

19 décembre 1897

Je reçois une courte lettre de Dimitri Volodine.

Il y a du nouveau.

Le « Tzar » a quitté précipitamment Narbonne.

Le « Tzar » s'est enfui avec la jeune protégée du roi Léopold II et ce qu'il restait de l'or d'Alger, plus exactement du « dépôt Talleyrand » ayant transité par une ancienne savonnerie parisienne que je connais bien.

Du coup, Léopold II a mis un « contrat » sur la tête du « Tzar ».

*

Adieu Venise.

Sous un vent glacial.

Direction Prague.

J'ai promis à ma jeune épouse de lui faire découvrir la *Mala Stana*, la terre sacrée des alchimistes que protégeait Rodolphe II de Habsbourg.

Nous séjournerons dans une vieille demeure de l'île Kampa.

John Dee y aurait passé quelques nuits.

CHAPITRE 65

23 janvier 1898

Bonjour Paris.
Sous la neige qui tombe à gros flocons.

Nos malles à peine défaites, je rejoins les locaux du *Clairon de Montmartre*.
Je m'enferme dans mon bureau.
De grosses bûches flambent dans la cheminée à laquelle je tourne le dos. Eusèbe, notre homme d'entretien, connaît mes petits secrets. Faire en sorte de ne jamais manquer de bûches ni de brandy… Être en capacité d'humecter mes papilles et de tisonner l'âtre à tout moment, en toute saison, afin de relancer l'inspiration…

*

J'entame, debout, au pupitre, l'article qui me démange depuis des jours.
Je fais mine de m'interroger sur le « message » que véhiculait le carnet de feuilles à cigarette de marque *Le Tzar*, négligemment abandonné près du cadavre de l'abbé Gélis par un inconnu ayant poussé la porte du presbytère de Coustaussa avant l'arrivée des gendarmes, en novembre 1897. Carnet de feuilles qui n'a pas l'air de beaucoup préoccuper le juge d'instruction chargé de l'affaire…

Aussi m'empressé-je de relier ce carnet de feuilles à cigarette au **passeport diplomatique** d'un curieux personnage qu'on surnomme le « Tzar » dans les milieux interlopes de Saint-Pétersbourg comme dans les milieux interlopes de Paris et de Bruxelles.

Un passeport diplomatique découvert, fort opportunément, **deux ans et demi après les faits**, par des policiers belges, sur dénonciation anonyme, parmi les décombres d'une demeure de Bruges ayant brûlé en juin 1895 et où se déroulaient des messes noires.

Retrouvé à peu près intact, au milieu d'un enchevêtrement de poutres calcinées, ce passeport mentionnait le vrai patronyme du « Tzar » : **Alexander Boumaguine**, ancien préposé aux basses œuvres de l'ambassade de Russie à Paris, multipliant les allers-retours Narbonne-Bruxelles, selon mes confrères belges de *L'Arbalète*.

Un Alexander Boumaguine aujourd'hui en fuite, détenteur de secrets de nature à plonger dans l'embarras quelques têtes couronnées, d'où la horde de tueurs lancés à ses trousses, selon ce qui se murmure dans les couloirs de certains ministères, tant en France qu'en Belgique.

Je prends bien évidemment soin de protéger mes sources, ce qui constitue le B.A.-BA du journalisme. Surtout lorsque j'aborde la partie la plus délicate de mon article…

Porter le fer dans la plaie russo-belge.

Faire couler la sanie.

Je fais l'impasse sur l'information décisive que j'ai obtenue de la bouche d'un des hommes les mieux informés de Paris qui rentrait d'une longue escapade en Belgique lorsqu'il me l'a fournie. C'est une certaine « **cellule de crise** » officiant au château de Laeken — et ayant accès à toute heure du jour ou de la nuit aux appartements privés de Sa Majesté Léopold II — qui a eu l'idée de glisser le passeport diplomatique d'Alexander Boumaguine, alias le Tzar, dans les décombres de la maison de Bruges.

Cet homme bien informé rentrant d'une longue escapade en Belgique est un joyeux drille avec lequel j'ai plaisir à disputer des parties de billard acharnées Aux 400 Coups, sur la Butte, quand mon emploi du temps me le permet…

Il se nomme Arsène Bretonieux, c'est un ancien journaliste devenu détective privé dont les bureaux sont installés Faubourg Saint-Honoré…

Il arrive au sieur Bretonieux de remplir, pour le compte du ministère de la Guerre et de la présidence du Conseil, des missions dictées par ce qu'on appelle, sous notre Troisième République, la raison d'État. Mais Bretonieux est aussi un *initié*. Un habitué des loges égyptiennes de la capitale et des cénacles ésotériques de Montmartre et du Marais.

En guise d'épilogue…

Selon Bretonieux, la Rose-Croix existe non pas depuis des siècles, mais depuis des millénaires.

Elle a été fondée en Égypte, du côté d'Héliopolis.

Elle n'a rallié l'Occident qu'au quatorzième siècle après Jésus-Christ et rendu publique son existence qu'en 1604, avec la publication de la *Fama Fraternitatis* et de la *Confessio*, manifestes rédigés par des cherchants allemands du Bade-Wurtemberg en réponse à ses impulsions. Elle regroupe les *Connaissants*, les R+C vivant dans des Maisons blanches ou Maisons hors du temps, en résonance avec le centre de Montmartre et l'Agharta, centre suprême, cité souterraine creusée dans les entrailles du Tibet.

Toujours selon Bretonieux, le Frère A. a trouvé la pierre philosophale peu après son arrivée en Gaule narbonnaise. Il est devenu immortel. Aussi son tombeau est il vide et sa mission toujours en cours.

Il arrive, paraît-il, à ceux qui sont dans le secret des dieux — en l'occurrence une poignée d'initiés parisiens, familiers de certaines loges rosicruciennes ou maçonniques, de certains groupes martinistes, de certains cénacles alchimiques se réclamant de la R+C — de croiser le Frère A., portant redingote et lavallière, dans un couloir de la présidence du Conseil ou du ministère des Affaires étrangères. À défaut de saluer ce même Frère A. dans quelque bistrot du Quartier latin, attablé avec Waldeck-Rousseau, Pointcarré ou Jaurès, ou de le croiser, s'appuyant sur une canne ferrée, du côté des anciennes mines d'or du Razès…

Pour ne pas parler, bien sûr, des sentiers d'Étretat.

POURQUOI ADHÉRER A L'ODS

En plus de rassembler toute une « faune de l'espace » passionnée de littératures de l'imaginaire, science-fiction, fantastique, fantasy, etc et tant de chercheurs érudits des univers de l'étrange, l'ODS est une association active qui organise ou coordonne de nombreux événements dans les domaines qui nous intéressent.

C'est un fait que l'activité de publication de fanzines qui était son expression principale à ses débuts a dû être transférée vers notre maison d'édition, EODS, faute de lecteurs assidus dans un secteur qui s'est peu à peu reporté vers le web. Certaines revues ont disparu, d'autres sont nées à cette occasion. Force est de nous adapter au potentiel du lectorat d'aujourd'hui, et nous voilà au XXIe siècle !

Toutefois, tout en nous adaptant, nous tenons, à l'ODS, à préserver cette convivialité qui fut toujours la première motivation de notre existence associative. C'est pourquoi nous poursuivons avant tout l'organisation de rencontres, conférences, congrès, dîners thématiques et autres missions scientifiques autour des thèmes qui nous sont chers. Participer à ces nombreuses activités, les organiser ou permettre à certains invités de venir y présenter leurs travaux, voilà aujourd'hui la vocation de l'ODS. Ainsi, tout au long de l'année, vous êtes conviés à nous rejoindre lors de dîners informels, comme celui du Nouvel Eon en janvier, et toutes sortes de rencontres à thèmes intitulées « on the spot », selon le calendrier de la venue d'auteurs en région parisienne, ainsi qu'à des colloques de haute teneur dont ceux organisés à Rennes-le-Château

(ARTBS) ou à Paris comme le Congrès Fortéen, les journées Heuvelmans ou Jacques Bergier, etc, mais aussi à nous rendre visite sur les stands des nombreuses conventions auxquels nous participons.

L'organisation de ces événements et la participation de l'association à ceux organisés par d'autres sont aujourd'hui devenus notre activité principale, car c'est ce qui fait vivre notre univers littéraire et préserve ce caractère unique qui nous plaît. Si certains supports de lecture disparaissent petit à petit au profit de medias plus modernes — du fanzine au webzine, des listes de discussions aux réseaux sociaux, etc. — il reste que nous sommes tous attachés aux livres originaux au format papier, non seulement à l'objet que l'on peut aujourd'hui commander en trois clics, mais surtout à ce qui va autour, c'est-à-dire les rencontres, les discussions, le partage et les possibles collaborations qui s'improvisent au gré des initiatives de nos membres les plus passionnés et, bien entendu, au plaisir de lire !

La participation de chacun à cette fourmillante activité littéraire et autour de la littérature se coordonne le plus simplement possible par le moyen de notre association, et c'est la raison d'être de l'ODS. En y adhérant, et surtout en participant par votre présence et votre concours à ces rencontres, ainsi qu'à la naissance et la réalisation de nouveaux projets, vous nous aidez à prolonger la vie de notre multivers littéraire. Bienvenue à tous et merci pour votre présence !

Emmanuel Thibault, membre du Conseil de AODS.

LES ÉDITIONS DE L'ŒIL DU SPHINX

SARL au capital de 15.245 €
R.C.S. Paris B 432 025 864 (2000 B11249)
36-42 rue de la Villette
75019 PARIS
FRANCE
Mail ods@oeildusphinx.com
http://www.œildusphinx.com
http:/boutique.œildusphinx.com
Tél 09.75.32.33.55
Fax 01.42.01.05.38

Toutes nos parutions sont sur :
http://boutique.oeildusphinx.com

Achevé d'imprimer en juillet 2024
par Createspace
(KDP)